U0716298

高等院校经济管理类“十三五”规划教材

会计学岗位化阶梯式仿真实训系列

初级会计仿真实训

Preliminary Accounting Simulation Training

孙 恒 主审

陆 丝 赵 嬴 编著

中国财经出版传媒集团

经济科学出版社

Economic Science Press

图书在版编目（CIP）数据

初级会计仿真实训 / 陆丝，赵赢编著. —北京：经济科学出版社，2019. 5

高等院校经济管理类“十三五”规划教材. 会计学岗位化阶梯式仿真实训系列

ISBN 978-7-5218-0586-4

Ⅰ. ①初… Ⅱ. ①陆… ②赵… Ⅲ. ①会计学-高等学校-教材 Ⅳ. ①F230

中国版本图书馆CIP数据核字（2019）第100050号

责任编辑：杜 鹏 申甜甜
责任校对：郑淑艳
责任印制：邱 天

初级会计仿真实训
陆 丝 赵 赢 编著
经济科学出版社出版、发行 新华书店经销
社址：北京市海淀区阜成路甲28号 邮编：100142
编辑部电话：010-88191441 发行部电话：010-88191522
网址：www.esp.com.cn
电子邮件：esp_bj@163.com
天猫网店：经济科学出版社旗舰店
网址：http：//jjkxcbs.tmall.com
北京鑫海金澳胶印有限公司印装
787×1092 16开 26 印张 250000字
2019年5月第1版 2019年5月第1次印刷
ISBN 978-7-5218-0586-4 定价：49.00元
（图书出现印装问题，本社负责调换。电话：010-88191510）

前　言

INTRODUCTION

会计作为一项经济管理活动，具有很强的规范性和系统性，业务精细化程度要求很高。会计学作为一门学科或专业，在高等教育不同层次和类别的学校开设得非常普遍。由于专业的特殊性，教学过程中对实践性要求很高，尤其对应用型高校更是显得突出。基于此，相关的实训类教材出版得比较多，也各有特色。

本系列教材是长春光华学院副校长于福教授、一汽启明股份有限公司财务总监苏俐正高级会计师、长春光华学院商学院院长孙恒教授牵头，由多名高校教师和企业会计专家携手努力编著完成，并经过几轮教学实践检验，适合应用型高校会计专业实践教学的平台。本系列教材分为初级、中级、高级三部。具有以下特色：

1.体现了鲜明的岗位化阶梯式特色。由于会计实务划分为不同的岗位，而会计教学上要依照循序渐进的认知规律进行知识讲授，这就要求会计实训教学过程既要体现业务的岗位化内容，又要体现由浅入深的学习规律。这种体现岗位化阶梯式特色的会计仿真实训教材正是目前很多高校长期想解决但又未能很好解决的问题。本实训教材较好地解决了这个问题。

2.体现了每一笔会计实务的标准化流程。为提高学生尽快适应实际工作的需要，突出会计工作规范化的意识，本教材对每一笔业务的规范处理流程，给出了清晰的指示。这种流程的标识，在目前会计实训教材中也是一个突出特色。

3.体现了原始凭证的高度完整性和真实性。由于企业会计实务专家的加入，本教材涉及的原始凭证完全按照实际业务进行复制，其完整性和真实性加强了学生认知的效率和效果。

4.体现了国家最新财税政策。由于国家2018年和2019年财税政策发生了比较大的变化，本系列教材按照最新政策设计实训内容，适应了政策变化要求。

本实训教材适合会计学专业本科（尤其是应用型）学生使用。

本教材是岗位化阶梯式初级会计仿真实训，适合学生学习初级阶段会计知识所需。编写组由陆丝、赵赢、李冲、李晟璐、张黎理、兰竹组成。

由于站位角度不同和编著者水平的局限，可能存在诸多不足之处，恳请同行专家不吝赐教。

作者

2019年4月

目　录
CONTENTS

经济业务环境

光华集团下设若干个多元化子公司，涵盖境外公司和光华股份有限公司等。其中，光华股份有限公司包含研发中心、物流中心、上海光华销售公司、上海光华加工总装厂、长春光华齿轮厂、苏州光华汽车零部件有限公司、上海光华汽车毯业有限公司、上海光华汽车泵业有限公司。

光华集团组织架构如图1所示。

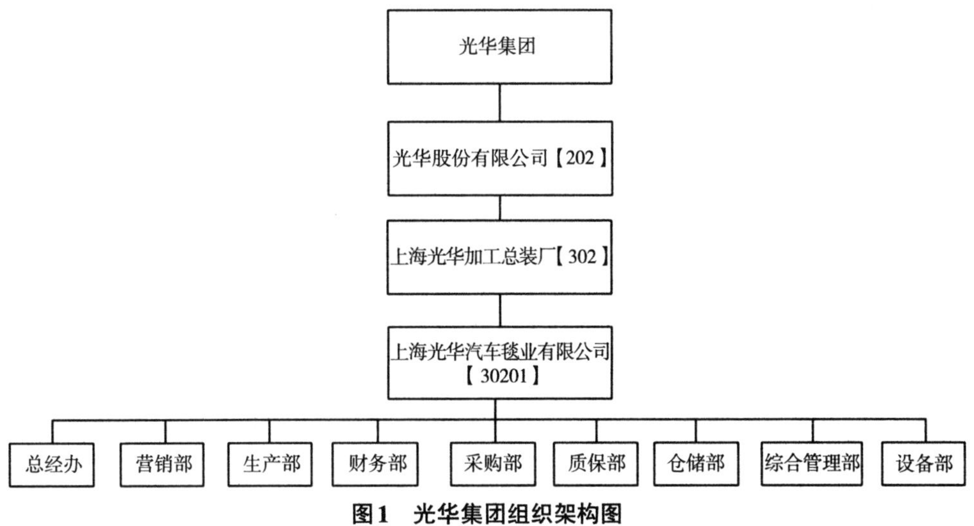

图1　光华集团组织架构图

初级会计仿真实训以上海光华汽车毯业有限公司为业务原型。

上海光华汽车毯业有限公司简介

上海光华汽车毯业有限公司成立于1986年5月，是光华股份有限公司控股的三级公司。

公司总占地面积15203平方米，建筑面积7558平方米，现有员工76人，拥有专业的汽车内饰地毯生产线2条，玻璃钢和注塑产品生产设备8台，现已具备年产20万套汽车地毯、4万件汽车玻璃钢产品、150万件注塑发泡产品的生产能力。

上海光华汽车毯业有限公司已经成为中国第一汽车集团公司、上海大众汽车有限公司的核心供应商，一汽大众汽车有限公司的A级供应商，一汽轿车股

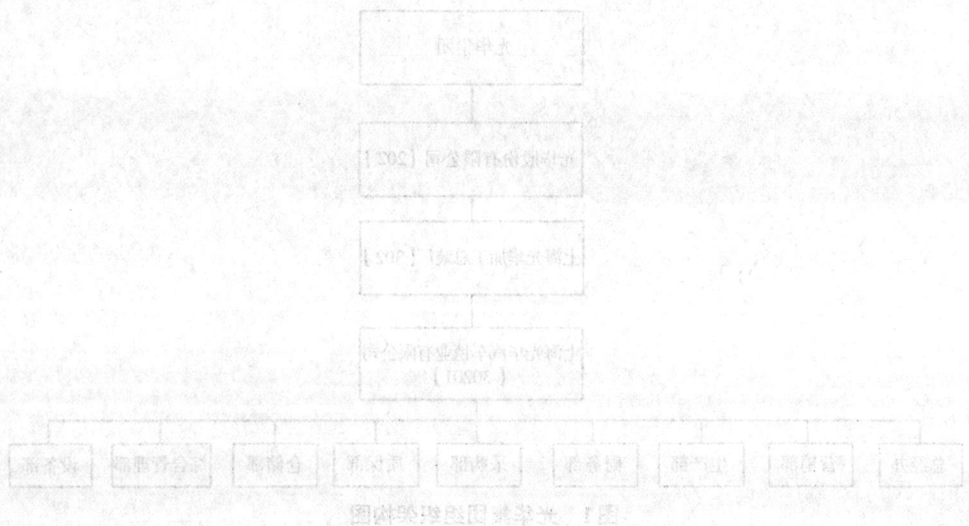

份有限公司、四川一汽丰田汽车有限公司、长春丰越公司、一汽解放汽车有限公司、一汽吉林汽车有限公司、天津一汽夏利汽车股份有限公司、一汽通用轻型商用汽车有限公司、富维—江森自控汽车时间系统有限公司的优秀供应商。

公司面临的市场环境：随着我国汽车工业的快速发展，国内汽车零部件企业得以发展壮大，同时，也加速了国外汽车零部件企业的进入，激烈的竞争环境使企业面临严峻的考验。近年来汽车零部件行业要求必须通过ISO9001质量体系认证，ISO/TS16949质量体系认证及CCC国家强制性产品质量的认证。同时严格按照精益生产管理模式、六西格玛管理策略对企业进行管理。

零部件企业在财务管理方面要严格控制总资产周转率、流动资产周转率、存货周转率、应收账款周转率、不良资产比、净资产收益率、总资产报酬率、主营业务利润率、成本费用利润率、销售增长率等财务指标，以提升企业竞争力。

公司秉承“第一产品”“第一服务”的经营理念，坚持“客户第一”的原则，以“追求第一”作为企业发展的主题。通过自主研发，并引进先进技术及高端设备，不断开发新产品，加快项目投资。

公司基本信息见表1。

表1　　公司基本信息

公司名称	上海光华汽车毯业有限公司
公司注册地址	水城南路77号（长宁区）
开户银行	招商银行古北路支行
基本账号	5008 8881 2888 8889（16位）
增值税一般纳税人	税率13%
税号	310112784356124
折旧政策	残值率3%，房屋折旧年限20年，机器设备折旧年限10年，电子设备折旧年限4年，使用平均年限法计提折旧
法定代表人	孙梦
财务经理	张书妍
出纳员	赵梦
销售会计	南翔云
材料会计	郭树林
成本会计	米晓曼
薪酬会计	张金华
资产会计	张清洋
税务会计	刘新妃
综合会计	刘羽昶
生产成本核算方法	品种法
存货核算方法	月末一次加权平均法

公司组织架构如图2所示。

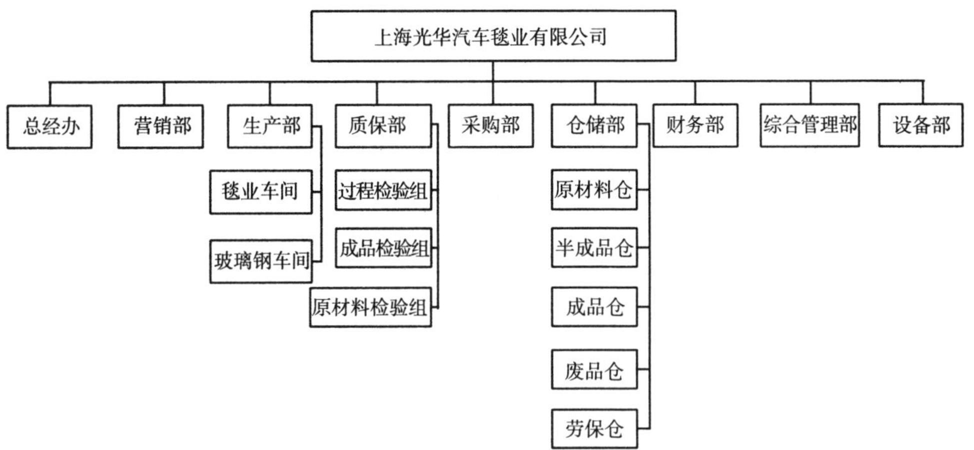

图2　公司组织架构

生产成品样板模型如图3所示。

图3　生产成品样板模型

实训目标

岗位化阶梯式会计模拟实战平台是将企业真实业务环境作为背景，以会计职业实践为基础，按企业会计工作实际岗位分层级构建的会计实践能力渐进式培养操作平台。该平台设计不同层级的会计仿真实训，可以为应用技能型会计人才培养及会计知识向实践能力转变提供循序渐进的操作环境，为不同层级会计人员资格认证提供实践平台和专业指导。

初级会计仿真实训，即利用该平台实施初级会计仿真操作，并实现如下目标：初步形成会计核算、会计报告编制、内部控制及财务管理能力；掌握以借贷记账法为基础的会计基本方法操作、出纳实务操作、筹资用资业务基本核算、成本费用基本核算、纳税申报及其会计基本操作、财务报表编制与分析等基本专业技能。

初级会计仿真实训以上海光华汽车毯业有限公司真实经济活动为背景，以2019年12月为时间段。引入真实企业案例、真实原始资料及真实经济活动背景，将实际会计业务操作与职业能力培养相结合。

初级会计仿真实训内容与初级财务会计课程相匹配，包括模拟审核与填制会计凭证、建账与记账、会计报表的编制等会计实务技能。进行企业会计业务全程系统实训，完成对会计科目、会计账簿、复式记账、借贷记账法、会计确认、会计计量、会计记录、会计报告等会计基本方法的实际操作。学生通过初级会计仿真实训操作，能够系统掌握会计核算的基本程序和具体方法，掌握会计专业基本技能，加深对所学初级财务会计理论知识的理解，并为中级财务会计学习打下基础。提高学生的专业判断能力，增强学习兴趣，帮助学生更好地将会计准则、会计基本理念融入会计实践，培养学生发现问题、分析问题和解决问题的能力。

凭证、账簿及报表模版区

记账凭证

编码：MBC01001

记账凭证

日期：　　　　年　　月　　日　　　　　　　　　　　　第___号

摘要	会计科目	明细科目	借方金额											贷方金额											记账（√）
			亿	千	百	十	万	千	百	十	元	角	分	亿	千	百	十	万	千	百	十	元	角	分	
附单据　　张	合计																								

核准：　　　　　　　　记账：　　　　　　　　出纳：　　　　　　　　制单：

日记账

库存现金日记账

编码：MBC03002

现金日记账

年		凭证		摘要	对方科目	类 页	借方											贷方											借或贷	余额										
月	日	种类	号数				亿	千	百	十	万	千	百	十	元	角	分	亿	千	百	十	万	千	百	十	元	角	分		亿	千	百	十	万	千	百	十	元	角	分

银行存款日记账

编码：MBC02003

银行存款日记账

户　名：
账　号：

年		凭证		摘要	对方科目	现金支票号码	转账支票号码	借方											贷方											借或贷	余额										
月	日	种类	号数					亿	千	百	十	万	千	百	十	元	角	分	亿	千	百	十	万	千	百	十	元	角	分		亿	千	百	十	万	千	百	十	元	角	分

明细账

三栏明细账

编码：MBC05004

______明细账

明细科目：

年		凭证		摘要	借方											贷方											借或贷	贷方										
月	日	种类	号数		亿	千	百	十	万	千	百	十	元	角	分	亿	千	百	十	万	千	百	十	元	角	分		亿	千	百	十	万	千	百	十	元	角	分

数量金额式明细账

编码：MBC07006

______明细账

编号：______ 规格：______ 品名：______ 单位：______ 存放地点：______

年		凭证		摘要	收入													发出													结存												
月	日	种类	号数		数量	单价	金额											数量	单价	金额											数量	单价	金额										
							亿	千	百	十	万	千	百	十	元	角	分			亿	千	百	十	万	千	百	十	元	角	分			亿	千	百	十	万	千	百	十	元	角	分

总 账

编码：MBC04009

总分类账

______年度　　　　　　　　　　　　编号（　　）科目______

记账凭证			摘要	对方科目编号	借方											贷方											借或贷	余额										
月	日	顺序号			亿	千	百	十	万	千	百	十	元	角	分	亿	千	百	十	万	千	百	十	元	角	分		亿	千	百	十	万	千	百	十	元	角	分

资产负债表

编码：MBC11010

资产负债表

日期

编制单位　　　　　　　　　　　　　　　　　　金额单位：元（列至角分）

项目	行次	期末余额	年初余额	负债及所有者权益（或股东权益）	行次	期末余额	年初余额
流动资产：	1			流动负债：	34		
货币资金	2				35		
以公允价值计量且其变动计入当期损益的金融资产	3			以公允价值计量且其变动计入当期损益的金融负债	36		
应收票据	4			应付票据	37		
应收账款	5			应付账款	38		
预付款项	6			预收款项	39		
应收利息	7			应付职工薪酬	40		
应收股利	8			应交税费	41		
其他应收款	9			应付利息	42		
存货	10			应付股利	43		
一年内到期的非流动资产	11			其他应付款	44		
其他流动资产	12			一年内到期的非流动负债	45		
流动资产合计	13			其他流动负债	46		
非流动资产：	14			流动负债合计	47		
可供出售金融资产	15			非流动负债：	48		
持有至到期投资	16			长期借款	49		
长期应收款	17			应付债券	50		
长期股权投资	18			长期应付款	51		
投资性房地产	19			专项应付款	52		
固定资产	20			预计负债	53		
在建工程	21			递延所得税负债	54		
工程物资	22			其他非流动负债	55		
固定资产清理	23			非流动负债合计	56		
生产性生物资产	24			负债合计	57		
油气资产	25			所有者权益（或股东权益）：	58		

续表

项目	行次	期末余额	年初余额	负债及所有者权益（或股东权益）	行次	期末余额	年初余额
无形资产	26			实收资本（或股本）	59		
开发支出	27			资本公积	60		
商誉	28			减：库存股	61		
长期待摊费用	29			其他综合收益	62		
递延所得税资产	30			盈余公积	63		
其他非流动资产	31			未分配利润	64		
非流动资产合计	32			所有者权益（或股东权益）合计	65		
资产总计	33			负债和所有者权益（或股东权益）总计	66		

利润表

编码：MBC12011

利润表及利润分配表

缴纳义务人识别号：

缴纳义务人名称（公章）：

费款所属期：

项目	行次	本期金额	上期金额
一、营业收入	1		
减：营业成本	2		
税金及附加	3		
销售费用	4		
管理费用	5		
财务费用	6		
资产减值损失	7		
加：公允价值变动收益（损失以“–”号填列）	8		
投资收益（损失以“–”号填列）	9		
其中：对联营企业和合营企业的投资收益	10		
资产处置收益（损失以“–”号填列）	11		
其他收益	12		
二、营业利润（亏损以“–”号填列）	13		
加：营业外收入	14		
减：营业外支出	15		
其中：非流动资产处置损失	16		

续表

项目	行次	本期金额	上期金额
三、利润总额（亏损总额以“-”号填列）	17		
减：所得税费用	18		
四、净利润（净亏损以“-”号填列）	19		
（一）持续经营净利润（净亏损以“-”号填列）	20		
（二）终止经营净利润（净亏损以“-”号填列）	21		
五、其他综合收益的税后净额	22		
（一）以后不能重分类进损益的其他综合收益	23		
1. 重新计量设定收益计划净负债或净资产的变动	24		
2. 权益法下在被投资单位不能重分类进损益的其他综合收益	25		
（二）以后将重分类进损益的其他综合收益	26		
1. 权益法下在被投资单位以后将重分类进损益的其他综合收益	27		
2. 其他债券投资公允价值变动损益	28		
3. 金融资产重分类转入损益的累计利得或损失	29		
4. 现金流量套期损益的有效部分	30		
5. 外币财务报表折算差额	31		
六、综合收益总额	32		
七、每股收益	33		
（一）基本每股收益	34		
（二）稀释每股收益	35		

现金流量表

编码：MBC10012

现金流量表

缴纳义务人识别号：

缴纳义务人名称（公章）：

费款所属期：

项目	行次	本期金额	上期金额
一、经营活动产生的现金流量	1		
销售商品、提供劳务收到的现金	2		
收到的税费返还	3		
收到的其他与经营活动有关的现金	4		

续表

项目	行次	本期金额	上期金额
经营活动现金流入小计	5		
购买商品、接受劳务支付的现金	6		
支付给职工以及为职工支付的现金	7		
支付的各项税费	8		
支付其他与经营活动有关的现金	9		
经营活动现金流出小计	10		
经营活动产生的现金流量净额	11		
二、投资活动产生的现金流量	12		
收回投资收到的现金	13		
取得投资收益收到的现金	14		
处置固定资产、无形资产和其他长期资产收回的现金净额	15		
处置子公司及其他营业单位收到的现金净额	16		
收到其他与投资活动有关的现金	17		
投资活动现金流入小计	18		
购建固定资产、无形资产和其他长期资产所支付的现金	19		
投资支付的现金	20		
取得子公司及其他营业单位支付的现金净额	21		
支付其他与投资活动有关的现金	22		
投资活动现金流出小计	23		
投资活动产生的现金流量净额	24		
三、筹资活动所产生的现金流量	25		
吸收投资收到的现金	26		
取得借款收到的现金	27		
收到其他与筹资活动有关的现金	28		
筹资活动现金流入小计	29		
偿还债务支付的现金	30		
分配股利、利润或偿付利息支付的现金	31		
支付其他与筹资活动有关的现金	32		
筹资活动现金流出小计	33		
筹资活动产生的现金流量净额	34		
四、汇率变动对现金及现金等价物的影响	35		
五、现金及现金等价物净增加额	36		

续表

项目	行次	本期金额	上期金额
加：期初现金及现金等价物余额	37		
六、期末现金及现金等价物余额	38		
补充资料	**行次**	**本年金额**	**上年金额**
1.将净利润调节为经营活动现金流量	39		
净利润	40		
加：资产减值准备	41		
固定资产折旧、油气资产折耗、生产性生物资产折旧	42		
无形资产摊销	43		
长期待摊费用摊销	44		
处置固定资产、无形资产和其他长期资产的损失（收益以“–”号填列）	45		
固定资产报废损失（收益以“–”号填列）	46		
公允价值变动损失（收益以“–”号填列）	47		
财务费用（收益以“–”号填列）	48		
投资损失（收益以“–”号填列）	49		
递延所得税资产减少（增加以“–”号填列）	50		
递延所得税负债增加（减少以“–”号填列）	51		
存货的减少（增加以“–”号填列）	52		
经营性应收项目的减少（增加以“–”号填列）	53		
经营性应付项目的增加（减少以“–”号填列）	54		
其他	55		
经营活动产生的现金流量净额	56		
2.不涉及现金收支的重大投资和筹资活动	57		
债务转为资本	58		
一年内到期的可转换公司债券	59		
融资租入固定资产	60		
3.现金及现金等价物净变动情况	61		
现金的期末余额	62		
减：现金的期初余额	63		
加：现金等价物的期末余额	64		
减：现金等价物的期初余额	65		
现金及现金等价物净增加额	66		

期初信息

1. 总账科目余额表

总账科目余额表

单位名称：上海光华汽车毯业有限公司　　日期：2019年12月1日

序号	科目名称	期初余额		借方发生额	贷方发生额	期末余额	
		借方	贷方			借方	贷方
1	库存现金	4212.00					
2	银行存款	1601979.58					
3	应收账款	6506124.00					
4	应收票据	5830720.00					
5	原材料	373640.00					
6	库存商品	187333.33					
7	固定资产	41880441.74					
8	累计折旧		17762294.37				
9	应付账款		5760520.83				
10	短期借款		4000000.00				
11	应交税费		325708.96				
12	预收账款		829730.65				
13	实收资本		21300000.00				
14	本年利润		1100.59				
15	利润分配		6405095.25				
	合计	56384450.65	56384450.65	—	—	—	—

2. 总账及相关明细账

总 分 类 账

2019 年度　　　　编号（1001）科目：库存现金

记账凭证			摘要	对方科目编号	借方											贷方											借或贷	余额										
月	日	顺序号			亿	千	百	十	万	千	百	十	元	角	分	亿	千	百	十	万	千	百	十	元	角	分		亿	千	百	十	万	千	百	十	元	角	分
12	1		期初余额																								借						4	2	1	2	0	0

库存现金日记账

2019年		凭证		摘要	对方科目	类页	借方											贷方											借或贷	余额										
月	日	种类	号数				亿	千	百	十	万	千	百	十	元	角	分	亿	千	百	十	万	千	百	十	元	角	分		亿	千	百	十	万	千	百	十	元	角	分
12	1			期初余额																									借						4	2	1	2	0	0

总 分 类 账

2019 年度　　　　编号（1002）科目：银行存款

记账凭证			摘要	对方科目编号	借方											贷方											借或贷	余额										
月	日	顺序号			亿	千	百	十	万	千	百	十	元	角	分	亿	千	百	十	万	千	百	十	元	角	分		亿	千	百	十	万	千	百	十	元	角	分
12	1		期初余额																								借			1	6	0	1	9	7	9	5	8

银行存款日记账

户　名：招商银行古北路支行

账　号：5008888128888889

2019年		凭证		摘要	对方科目	现金支票号码	转账支票号码	借方											贷方											借或贷	余额										
月	日	种类	号数					亿	千	百	十	万	千	百	十	元	角	分	亿	千	百	十	万	千	百	十	元	角	分		亿	千	百	十	万	千	百	十	元	角	分
12	1			期初余额																										借			1	6	0	1	9	7	9	5	8

总分类账

2019 年度　　　　编号（1022）科目：应收账款

记账凭证			摘要	对方科目编号	借方											贷方											借或贷	余额										
月	日	顺序号			亿	千	百	十	万	千	百	十	元	角	分	亿	千	百	十	万	千	百	十	元	角	分		亿	千	百	十	万	千	百	十	元	角	分
12	1		期初余额																								借			6	5	0	6	1	2	4	0	0

应收账款 明细账

明细科目：一汽大众有限公司

2019年		凭证		摘要	借方											贷方											借或贷	余额										
月	日	种类	号数		亿	千	百	十	万	千	百	十	元	角	分	亿	千	百	十	万	千	百	十	元	角	分		亿	千	百	十	万	千	百	十	元	角	分
12	1			期初余额																							借			6	5	0	6	1	2	4	0	0

总分类账

2019 年度　　编号（1021）科目：应收票据

记账凭证			摘要	对方科目编号	借方											贷方											借或贷	余额										
月	日	顺序号			亿	千	百	十	万	千	百	十	元	角	分	亿	千	百	十	万	千	百	十	元	角	分		亿	千	百	十	万	千	百	十	元	角	分
12	1		期初余额																								借			5	8	3	0	7	2	0	0	0

应收账款 明细账

明细科目：一汽大众有限公司

2019年		凭证		摘要	借方											贷方											借或贷	余额										
月	日	种类	号数		亿	千	百	十	万	千	百	十	元	角	分	亿	千	百	十	万	千	百	十	元	角	分		亿	千	百	十	万	千	百	十	元	角	分
12	1			期初余额																							借			5	8	3	0	7	2	0	0	0

应收票据备查簿

页码：001

收票日期	（增加）记账凭证		票据账本借款						复核人签字	（减少）记账凭证		承兑人	背书人	取（送）票人（签章）	贴现		承兑		转让		经办人（签章）	备注
	月份	号码	票据号	出票人	出票日	到期日	票面金额	第一收款单位		月份	号码				日期	净额	日期	金额	日期	被背书人		
2019.10.22	4	32	3093345	一汽大众有限公司	2019.10.22	2020.4.22	5830720.00	上海光华毯业有限公司						王丽梅							南翔云	

总 分 类 账

2019 年度　　　　编号（1403）科目：原材料

记账凭证			摘要	对方科目编号	借方											贷方											借或贷	余额										
月	日	顺序号			亿	千	百	十	万	千	百	十	元	角	分	亿	千	百	十	万	千	百	十	元	角	分		亿	千	百	十	万	千	百	十	元	角	分
12	1		期初余额																								借				3	7	3	6	4	0	0	0

原材料 明细账

编号：YCL101　品名：黑色簇绒面料　规格：黑色（2m×2.8m×8mm）　单位：张　存放地点：原材料仓

2019年		凭证		摘要	收入													发出													结存												
月	日	种类	号数		数量	单价	金额											数量	单价	金额											数量	单价	金额										
							亿	千	百	十	万	千	百	十	元	角	分			亿	千	百	十	万	千	百	十	元	角	分			亿	千	百	十	万	千	百	十	元	角	分
12	1			期初结转																											115	118.00					1	3	5	7	0	0	0

原材料 明细账

编号：YCL002　品名：玻璃钢片材　规格：SMC（1000mm×2.5mm）　单位：千克　存放地点：原材料仓

2019年		凭证		摘要	收入													发出													结存												
月	日	种类	号数		数量	单价	金额											数量	单价	金额											数量	单价	金额										
							亿	千	百	十	万	千	百	十	元	角	分			亿	千	百	十	万	千	百	十	元	角	分			亿	千	百	十	万	千	百	十	元	角	分
12	1			期初结转																											200	9.60						1	9	2	0	0	0

原材料 明细账

编号：YCL301　　品名：发泡料　　规格：黑料　　单位：千克　　存放地点：原材料仓

2019年		凭证		摘要	收入													发出													结存												
月	日	种类	号数		数量	单价	金额											数量	单价	金额											数量	单价	金额										
							亿	千	百	十	万	千	百	十	元	角	分			亿	千	百	十	万	千	百	十	元	角	分			亿	千	百	十	万	千	百	十	元	角	分
12	1			期初结转																											17290	20.00				3	4	5	8	0	0	0	0

原材料 明细账

编号：YCL201　　品名：底漆　　规格：银色环氧封闭　　单位：千克　　存放地点：原材料仓

2019年		凭证		摘要	收入													发出													结存												
月	日	种类	号数		数量	单价	金额											数量	单价	金额											数量	单价	金额										
							亿	千	百	十	万	千	百	十	元	角	分			亿	千	百	十	万	千	百	十	元	角	分			亿	千	百	十	万	千	百	十	元	角	分
12	1			期初结转																											500	24.70					1	2	3	5	0	0	0

总分类账

2019 年度　　　　编号（1405）科目：库存商品

记账凭证			摘要	对方科目编号	借方											贷方											借或贷	余额										
月	日	顺序号			亿	千	百	十	万	千	百	十	元	角	分	亿	千	百	十	万	千	百	十	元	角	分		亿	千	百	十	万	千	百	十	元	角	分
12	1		期初余额																								借				1	8	7	3	3	3	3	3

库存商品 明细账

编号：CCP02　　品名：速腾NCS地毯　　规格：速腾NCS　　单位：张　　存放地点：产成品仓

2019年		凭证		摘要	收入													发出													结存												
月	日	种类	号数		数量	单价	金额											数量	单价	金额											数量	单价	金额										
							亿	千	百	十	万	千	百	十	元	角	分			亿	千	百	十	万	千	百	十	元	角	分			亿	千	百	十	万	千	百	十	元	角	分
12	1			期初结转																											890	200				1	7	8	0	0	0	0	0

库存商品 明细账

编号：CCP03　　品名：前围面板及保险杠　　规格：解放J5M（悍威）　　单位：件　　存放地点：产成品仓

2019年		凭证		摘要	收入													发出													结存												
月	日	种类	号数		数量	单价	金额											数量	单价	金额											数量	单价	金额										
							亿	千	百	十	万	千	百	十	元	角	分			亿	千	百	十	万	千	百	十	元	角	分			亿	千	百	十	万	千	百	十	元	角	分
12	1			期初结转																											100	93.3333						9	3	3	3	3	3

固定资产信息一览表

单位名称：上海光华汽车毯业有限公司

日期：2019年12月1日　　折旧方法：平均年限法　　单位：元

编号	名称	入账日期	单位	数量	购进原值	使用年限	残值率（%）	预计净残值	资产分类	使用部门
	合计				41880441.74			1256413.25		
001	注塑机	2015年11月1日	台	8	2240011.00	10	3	67200.33	生产设备	玻璃钢车间
002	1000T液压机	2015年11月1日	台	2	2400000.00	10	3	72000.00	生产设备	地毯车间
003	厂房	2008年7月1日	栋	1	37106800.00	20	3	1113204.00	厂　房	玻璃钢、地毯车间
004	苹果电脑	2016年2月14日	台	4	27370.50	3	3	821.12	电子设备	综合管理部
005	一体机电脑	2016年6月1日	台	4	27350.44	3	3	820.51	电子设备	综合管理部

续表

编号	名称	入账日期	单位	数量	购进原值	使用年限	残值率（%）	预计净残值	资产分类	使用部门
006	苹果笔记本电脑	2016年12月3日	台	3	23589.75	3	3	707.69	电子设备	综合管理部
007	打印一体机	2016年1月17日	台	1	2512.82	3	3	75.38	电子设备	综合管理部
008	投影机	2016年4月6日	台	1	4700.85	3	3	141.03	电子设备	综合管理部
009	服务器	2015年11月20日	台	1	17850.00	3	3	535.50	电子设备	综合管理部
010	三星笔记本电脑	2016年5月19日	台	6	30256.38	3	3	907.69	电子设备	综合管理部

总 分 类 账

2019 年度　　　　编号（1601）科目：固定资产

记账凭证			摘要	对方科目编号	借方											贷方											借或贷	余额										
月	日	顺序号			亿	千	百	十	万	千	百	十	元	角	分	亿	千	百	十	万	千	百	十	元	角	分		亿	千	百	十	万	千	百	十	元	角	分
12	1		期初余额																								借		4	1	8	8	0	4	4	1	7	4

总分类账

2019 年度　　编号（1602）科目：累计折旧

记账凭证			摘要	对方科目编号	借方											贷方											借或贷	余额										
月	日	顺序号			亿	千	百	十	万	千	百	十	元	角	分	亿	千	百	十	万	千	百	十	元	角	分		亿	千	百	十	万	千	百	十	元	角	分
12	1		期初余额																								借		1	7	7	6	2	2	9	4	3	7

总 分 类 账

2019 年度　　　　编号（2204）科目：应付账款

记账凭证			摘要	对方科目编号	借方											贷方											借或贷	余额										
月	日	顺序号			亿	千	百	十	万	千	百	十	元	角	分	亿	千	百	十	万	千	百	十	元	角	分		亿	千	百	十	万	千	百	十	元	角	分
12	1		期初余额																								借			5	7	6	0	5	2	0	8	3

应付账款 明细账

明细科目：莱芜市恒越复合材料有限公司

2019年		凭证		摘要	借方											贷方											借或贷	余额										
月	日	种类	号数		亿	千	百	十	万	千	百	十	元	角	分	亿	千	百	十	万	千	百	十	元	角	分		亿	千	百	十	万	千	百	十	元	角	分
12	1			期初余额																							借			1	2	0	3	0	2	0	8	3

应付账款 明细账

明细科目：江苏盈胜材料有限公司

2019年		凭证		摘要	借方											贷方											借或贷	余额										
月	日	种类	号数		亿	千	百	十	万	千	百	十	元	角	分	亿	千	百	十	万	千	百	十	元	角	分		亿	千	百	十	万	千	百	十	元	角	分
12	1			期初余额																							借			4	5	5	7	5	0	0	0	0

总 分 类 账

2019 年度　　　　编号（2001）科目：短期借款

记账凭证			摘要	对方科目编号	借方											贷方											借或贷	余额										
月	日	顺序号			亿	千	百	十	万	千	百	十	元	角	分	亿	千	百	十	万	千	百	十	元	角	分		亿	千	百	十	万	千	百	十	元	角	分
12	1		期初余额																								借			4	0	0	0	0	0	0	0	0

短期借款 明细账

明细科目：招商银行古北路支行

2019年		凭证		摘要	借方											贷方											借或贷	余额										
月	日	种类	号数		亿	千	百	十	万	千	百	十	元	角	分	亿	千	百	十	万	千	百	十	元	角	分		亿	千	百	十	万	千	百	十	元	角	分
12	1			期初余额																							借			4	0	0	0	0	0	0	0	0

招商银行贷款（银企协议书）

招商银行股份有限公司（以下简称甲方）

上海光华汽车毯业有限公司（以下简称乙方）

为了更好地贯彻国家产业政策，集中资金，保证重点，支持企业健康发展，经甲乙双方友好协商，就乙方上海光华汽车毯业有限公司企业（或项目），需甲方支持短期贷款事宜达成协议如下：

一、甲方向乙方提供半年期贷款400万元（肆佰万元整），借款利率（月）为5‰，并委托招商银行古北路支行（开户行）与乙方签订借款合同，具体内容按借款合同执行。

二、乙方应根据国家产业、产品发展方向的要求，加强内部管理，优化产品结构，提高产品技术和经济效益，安全有效地使用贷款。

三、乙方按季度分别向甲方报送财务报表，并接受甲方委托人的监督检查。

四、甲乙双方应共同努力，加强协作，力争早出效益（或促进资金及早到位，加速周转）。

五、本协议一式贰份，由各方代表人签字后生效并各执一份。

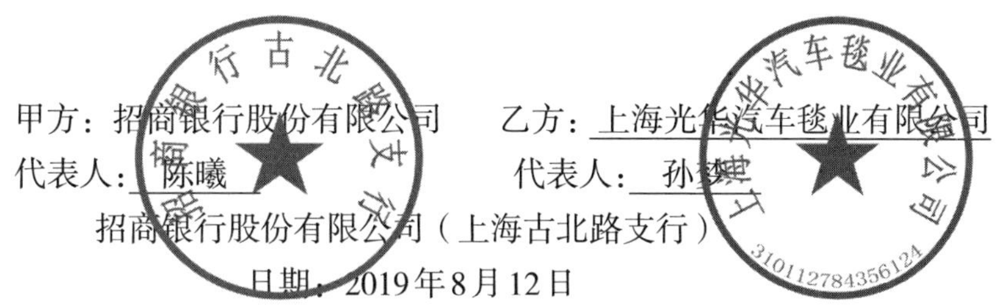

甲方：招商银行股份有限公司　　乙方：上海光华汽车毯业有限公司

代表人：陈曦　　代表人：孙梦

招商银行股份有限公司（上海古北路支行）

日期：2019年8月12日

总分类账

2019 年度　　　　编号（2221）科目：应交税费

记账凭证			摘要	对方科目编号	借方											贷方											借或贷	余额										
月	日	顺序号			亿	千	百	十	万	千	百	十	元	角	分	亿	千	百	十	万	千	百	十	元	角	分		亿	千	百	十	万	千	百	十	元	角	分
12	1		期初余额																								借				3	2	5	7	0	8	9	6

应交税费 明细账

明细科目：未交增值税

2019年		凭证		摘要	借方											贷方											借或贷	余额										
月	日	种类	号数		亿	千	百	十	万	千	百	十	元	角	分	亿	千	百	十	万	千	百	十	元	角	分		亿	千	百	十	万	千	百	十	元	角	分
12	1			期初余额																							借				2	9	0	8	1	1	5	7

应交税费 明细账

明细科目：应交城市维护建设税

2019年		凭证		摘要	借方											贷方											借或贷	余额										
月	日	种类	号数		亿	千	百	十	万	千	百	十	元	角	分	亿	千	百	十	万	千	百	十	元	角	分		亿	千	百	十	万	千	百	十	元	角	分
12	1			期初余额																							借					2	0	3	5	6	8	1

应交税费 明细账

明细科目：应交地方教育附加

2019年		凭证		摘要	借方											贷方											借或贷	余额										
月	日	种类	号数		亿	千	百	十	万	千	百	十	元	角	分	亿	千	百	十	万	千	百	十	元	角	分		亿	千	百	十	万	千	百	十	元	角	分
12	1			期初余额																							借						5	8	1	6	2	3

应交税费 明细账

明细科目：应交教育费附加

2019年		凭证		摘要	借方											贷方											借或贷	余额										
月	日	种类	号数		亿	千	百	十	万	千	百	十	元	角	分	亿	千	百	十	万	千	百	十	元	角	分		亿	千	百	十	万	千	百	十	元	角	分
12	1			期初余额																							借						8	7	2	4	3	5

总 分 类 账

2019 年度　　编号（2203）科目：预收账款

记账凭证			摘要	对方科目编号	借方											贷方											借或贷	余额										
月	日	顺序号			亿	千	百	十	万	千	百	十	元	角	分	亿	千	百	十	万	千	百	十	元	角	分		亿	千	百	十	万	千	百	十	元	角	分
12	1		期初余额																								借				8	2	9	7	3	0	6	5

预收账款 明细账

明细科目：上海车爵士汽车美容有限公司

2019年		凭证		摘要	借方											贷方											借或贷	余额										
月	日	种类	号数		亿	千	百	十	万	千	百	十	元	角	分	亿	千	百	十	万	千	百	十	元	角	分		亿	千	百	十	万	千	百	十	元	角	分
12	1			期初余额																							借				8	2	9	7	3	0	6	5

总 分 类 账

2019 年度　　编号（4001）科目：实收资本

记账凭证			摘要	对方科目编号	借方											贷方											借或贷	余额										
月	日	顺序号			亿	千	百	十	万	千	百	十	元	角	分	亿	千	百	十	万	千	百	十	元	角	分		亿	千	百	十	万	千	百	十	元	角	分
12	1		期初余额																								借		2	1	3	0	0	0	0	0	0	0

实收资本 明细账

明细科目：上海光华加工总装厂

2019年		凭证		摘要	借方											贷方											借或贷	余额										
月	日	种类	号数		亿	千	百	十	万	千	百	十	元	角	分	亿	千	百	十	万	千	百	十	元	角	分		亿	千	百	十	万	千	百	十	元	角	分
12	1			期初余额																							借		2	1	3	0	0	0	0	0	0	0

总 分 类 账

2019 年度　　　编号（4104）科目：本年利润

记账凭证			摘要	对方科目编号	借方											贷方											借或贷	余额										
月	日	顺序号			亿	千	百	十	万	千	百	十	元	角	分	亿	千	百	十	万	千	百	十	元	角	分		亿	千	百	十	万	千	百	十	元	角	分
12	1		期初余额																								借						1	1	0	0	5	9

本年利润 明细账

明细科目：本年利润

2019年		凭证		摘要	借方											贷方											借或贷	余额										
月	日	种类	号数		亿	千	百	十	万	千	百	十	元	角	分	亿	千	百	十	万	千	百	十	元	角	分		亿	千	百	十	万	千	百	十	元	角	分
12	1			期初余额																							借						1	1	0	0	5	9

总 分 类 账

2019 年度　　　　编号（4104）科目：利润分配

记账凭证			摘要	对方科目编号	借方											贷方											借或贷	余额										
月	日	顺序号			亿	千	百	十	万	千	百	十	元	角	分	亿	千	百	十	万	千	百	十	元	角	分		亿	千	百	十	万	千	百	十	元	角	分
12	1		期初余额																								借			6	4	0	5	0	9	5	2	5

经济业务

10801 综合会计——收到银行短期贷款

<table>
<tr><td>经济业务</td><td>收到银行短期贷款</td><td>更新时间</td><td></td><td>经济业务摘要</td></tr>
<tr><td>岗　　位</td><td>综合会计</td><td>级　　别</td><td>初级</td><td rowspan="2">收到银行短期贷款</td></tr>
<tr><td>工作方式</td><td colspan="3">手工</td></tr>
</table>

经济业务内容

因公司经营需要，向招商银行股份有限公司申请 9 个月的流动资金贷款，月利率 5‰，款项已存入银行（不考虑印花税）。

经济业务处理要求

银行借款筹资业务处理：审核银行贷款协议书及借款借据，并据此分析经济业务，确认银行短期贷款入账价值，参照负债资金筹集业务核算流程，运用借贷记账法编制记账凭证，登记相关账簿。

注意原始单据银行贷款协议书、借款借据内容与手续的审核及会计科目的运用。

经济业务流程

上海光华汽车毯业有限公司

流程名称：短期贷款流程（计划内）
流程代码：GH10210801
更新时间：2019年12月
风险点：

部门名称：	审批人：	
主责岗位：	会签	
编 辑 人：		

流程图	流程描述
开始	
NO.1 综合会计提出申请	NO.1 综合会计根据公司资金管理相关规定对计划内的短期贷款提出书面申请。
NO.2 财务经理审批	NO.2 风险点管控措施 财务经理对申请进行复核，审核申请是否是计划内的申请。同时对用途、金额进行审核。
NO.3 总经理审批	NO.3 总经理对计划内的短期借款进行审批。
NO.4 企业向银行提出申请	NO.4 企业根据银行相关规定提出相关申请。
NO.5 银行审批	NO.5 银行信贷经理对企业的相关资料、资质进行审批。
NO.6 签订银行贷款相关书面资料	NO.6 风险点管控措施 银行与企业签订借款借据以及银企协议书（以招商银行为例）。
NO.7 银行发放贷款	NO.7 银行根据规定发放贷款。
NO.8 综合会计进行账务处理	NO.8 综合会计对收到的贷款进行相关的财务处理。
结束	

借款审批单

申请日期： 2019 年 12 月 3 日

申请人：张敏	申请部门：财务部	短期借款：☒ 计划内 ☐ 计划外
借款金额(大写)：⊗贰佰万元整		¥2000000.00元
借款原因：补充流动资金。		

总经理：孙梦　　财务经理：张书妍　　综合会计：刘羽枫

借款借据

会计科目：短期借款　　编号：358635

借务人（借款人）	上海光华汽车毯业有限公司		身份证或法人代码证		329485756					
借权人（贷款人）	招商银行古北路支行									
借款种类	流动资金	借款用途	日常生产		借款利率(月)	5‰				
借款账号	5008888128888889		开户（招行古北路支行）行及账号		5008888128888889					
借款金额（大写）：⊗人民币贰佰万元整					千 百 十 万 千 百 十 元 / ¥ 2 0 0 0 0 0 0					
借款日期	2019年12月3日		到期日期		2020年9月2日		还款方式	网银支付		
还款计划				还款情况记录						
年	月	日	金额	年	月	日	还本金额	还息金额	结欠本金	经办人	记账员
借款人签名	担保人签名(1)		担保人签名(2)		担保人签名(3)					
孙梦 2019 年 12月 3日	年 月 日		年 月 日		年 月 日					

财务主管：李倩　　会计：　　出纳：　　记账：

招商银行贷款（银企协议书）

招商银行股份有限公司（以下简称甲方）

上海光华汽车毯业有限公司（以下简称乙方）

为了更好地贯彻国家产业政策，集中资金，保证重点，支持企业健康发展，经甲乙双方友好协商，就乙方 上海光华汽车毯业有限公司 企业（或项目），需甲方支持 短期 贷款事宜达成协议如下：

一、甲方向乙方提供 9个月 贷款 200 万元（贰佰万元整），借款利率（月）为 5‰ ，并委托 招商银行古北路支行 （开户行）与乙方签订借款合同，具体内容按借款合同执行。

二、乙方应根据国家产业、产品发展方向的要求，加强内部管理，优化产品结构，提高产品技术和经济效益，安全有效地使用贷款。

三、乙方按季度分别向甲方报送财务报表，并接受甲方委托人的监督检查。

四、甲乙双方应共同努力，加强协作，力争早出效益（或促进资金及早到位，加速周转）。

五、本协议一式 贰 份，由各方代表人签字后生效并各执一份。

甲方：招商银行股份有限公司　　乙方：上海光华汽车毯业有限公司

代表人：孙建　　代表人：孙梦

招商银行股份有限公司（上海古北路支行）

日期：2019年 12 月 3 日

经济业务证明（自制原始凭证）

借款审批单

申请日期：2019年12月3日

申请人：张敏	申请部门：财务部	短期借款：☑计划内 □计划外
借款金额（大写）：⊗贰佰万元整		¥2000000.00
借款原因：补充流动资金		

总经理：孙梦　　财务经理：张书妍　　综合会计：刘羽昶

经济业务证明（外来原始凭证）

编码：J102001-10801

借款借据

会计科目：短期借款　　编号：358635

债务人（借款人）	上海光华汽车毯业有限公司		身份证或法人代码证	329485756	
债权人（贷款人）	招商银行古北路支行				
借款种类	流动资金	借款用途	日常生产	借款利率（月）	5‰
借款账号	5008888128888889		开户（招行古北路支行）行及账号	5008888128888889	

借款金额（大写）：⊗贰佰万元整	千	百	十	万	千	百	十	元
	¥	2	0	0	0	0	0	0

借款日期	2019年12月3日	到期日期	2020年9月2日	还款方式	网银支付

还款计划				还款情况记录							
年	月	日	金额	年	月	日	还本金额	还息金额	结欠本金	经办人	记账员

借款人签名	担保人签名（1）	担保人签名（2）	担保人签名（3）
上海光华汽车毯业有限公司（印） 孙梦			招商银行古北路支行（印）
2019年12月3日	年 月 日	年 月 日	年 月 日

财务主管：李倩　　会计：　　出纳：　　记账：

编码：J106002-10801

招商银行贷款（银企协议书）

招商银行股份有限公司（以下简称甲方）

上海光华汽车毯业有限公司（以下简称乙方）

为了更好地贯彻国家产业政策，集中资金，保证重点，支持企业健康发展，经甲乙双方友好协商，就乙方上海光华汽车毯业有限公司企业（或项目），需甲方支持短期贷款事宜达成协议如下：

一、甲方向乙方提供9个月贷款200万元（贰佰万元整），借款利率（月）为5‰，并委托招商银行古北路支行（开户行）与乙方签订借款合同，具体内容按借款合同执行。

二、乙方应根据国家产业、产品发展方向的要求，加强内部管理，优化产品结构，提高产品技术和经济效益，安全有效地使用贷款。

三、乙方按季度分别向甲方报送财务报表，并接受甲方委托人的监督检查。

四、甲乙双方应共同努力，加强协作，力争早出效益（或促进资金及早到位，加速周转）。

五、本协议一式 贰 份，由各方代表人签字后生效并各执一份。

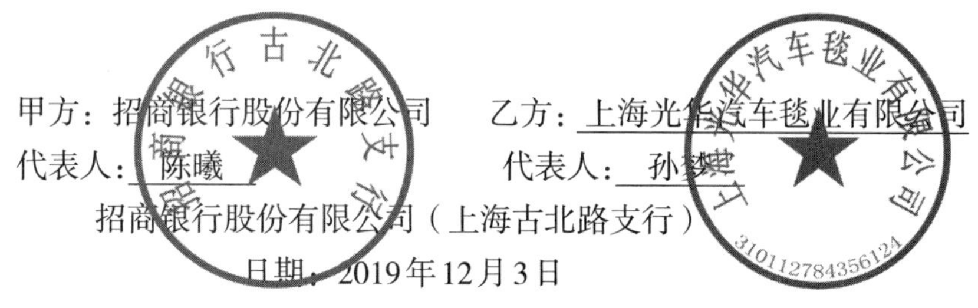

甲方：招商银行股份有限公司　　乙方：上海光华汽车毯业有限公司

代表人：陈曦　　代表人：孙梦

招商银行股份有限公司（上海古北路支行）

日期：2019年12月3日

10202 资产会计——固定资产购入

<table>
<tr><td>经济业务</td><td>固定资产购入</td><td>更新时间</td><td></td><td>经济业务摘要</td></tr>
<tr><td>岗　　位</td><td>资产会计</td><td>级　　别</td><td>初级</td><td rowspan="2">支付购入的片型粉碎机及运费</td></tr>
<tr><td>工作方式</td><td colspan="3">手工</td></tr>
</table>

经济业务内容

公司购入一台不需要安装的片型粉碎机，收到长春市绿园区信德机械设备有限公司开具的增值税专用发票，同时，收到长春市宇华物流有限公司开具的货物运输业增值税普通发票，价款及运费均以电子银行转账支付，设备已交付使用。

经济业务处理要求

固定资产购入业务处理：审核设备购置增值税专用发票、运费增值税普通发票、固定资产验收单等，并据此分析经济业务，办理有关付款业务，根据有关原始单据正确确定固定资产入账价值，参照固定资产业务核算流程，运用借贷记账法编制记账凭证，登记相关账簿。

注意固定资产购入初始价值计量方法的选择及运用，正确进行固定资产价值计量。

经济业务流程

上海光华汽车毯业有限公司

流程名称：购入固定资产流程（计划内）

流程代码：CH10310202

更新时间：2019年12月

风险点：

部门名称：	审批人：	
主责岗位：	会签	
编 辑 人：		

流 程 图	流程描述
开始	
NO.1 申请人填写申请单	NO.1 申请人对计划内的固定资产购入提出书面申请（填写固定资产购入申请单）。
NO.2 部门领导审批	NO.2 申请人部门领导根据本部门实际情况进行审批。
NO.3 财务经理审批	NO.3 风险点管控措施 财务经理根据公司固定资产相关情况进行审批。
NO.4 总经理审批	NO.4 总经理结合公司实际固定资产情况酌情受理。
NO.5 出纳根据申请付款	NO.5 出纳对采购部购入的固定资产进行付款。
NO.6 固定资产验收	NO.6 固定资产验收人员对采购的固定资产进行验收，并开具固定资产验收单。
NO.7 资产会计登记入账	NO.7 风险点管控措施 资产会计对新采购的固定资产进行相关的账务处理（审核发票等）。
结束	

付 款 审 批 单

部门：采购部　　2019年12月3日

收款单位	长春市绿园区信德机械设备有限公司	付款理由：支付购买的片型粉碎机	
开户银行	中国银行长春分行	待付款性质：现款现货	
银行账号	2748873818637487		
金额	人民币（大写）：⊗肆万零仟零佰壹拾肆元零角零分	¥ 40014.00	
总经理审批	财务经理	部门经理	经办人
孙梦	张书婧	董良	王小明

固定资产验收单

采购部门				供货单位及电话		
到货时间						
使用部门				设备所在地点		
设备名称	规格	数量	单价（元）	总价（元）	设备编号	备注
合计数量			合计总价			
经手人签字		检收人签字			使用单位负责人签字	
资产管理部门签字			主管领导签字			

第二联财务处存查

说明：1. 采购部门如实填写，设备编号由资产管理部门填写，若未填写，则表格视作无效

2. 本表作为财务报账凭证，手续不齐全者，不予报账。

固定资产卡片

会计期间：　年　月

代码		名称			
类别		型号			
存放地点		使用情况		使用部门	
折旧费用科目		科目名称			
减值准备对方科目		科目名称			
折旧方法		使用年限		月折旧率	
原币原值		币别		汇率	
本位币原值		累计折旧		累计减值准备	
净值		预计净残值			
入账日期		增加方式		入账情况	

备注：

经济业务证明（外来原始凭证）

编码：J105006-10202

No.19008944

机器编号：

1100677345

开票日期：2019年12月3日

名　称	上海光华汽车毯业有限公司				密码区	554+55+389-98954513301-/<5>	
税　号	310112784356124					0-+>6*>/>839>->/8<-80+83267	
地址、电话	水城南路77号（长宁区）021-59116342					0828+26*1-/3+>>70484*/1<01-	
开户行及账号	招商银行古北路支行 5008888128888889					/<5>0-+>6*>/>831>49+834*14<	
货物或应税劳务、服务名称	规格型号	单位	数量	单价	金额	税率	税额
片型粉碎机	9FQ56#30	台	1	34200.00	34200.00	13%	4446.00
合　计					¥34200.00		¥4446.00
价税合计（大写）	⊗叁万捌仟陆佰肆拾陆元整				（小写）¥38646.00		
名　称	长春市绿园区信德机械设备有限公司				备注		
税　号	220104398872444						
地址、电话	长春市绿园区景阳大路3920号 0431-87657654						
开户行及账号	中国银行长春分行 2748873818637487						

第三联：发票联　购货方记账凭证

收款人：　　复核人：　　开票人：张扬　　销货单位（章）：

（印章：长春市绿园区信德机械设备有限公司 220104398872444 发票专用章）

编码：J107007-10202

货物运输业增值税普通发票

发票联

No.00210001

机器编号：

3500124760

开票日期：2019年12月3日

承运人及纳税人识别号	长春市宇华物流有限公司 220102392840637	密码区	554+55+389-98954513301-/<5> 0-+>6*>/>839>-> /8<-80+83267 0828+26*1-/3+>>70484*/1<01- /<5>0-+>6*>/>831>49+834*14<
实际受票方及纳税人识别号	上海光华汽车毯业有限公司 310112784356124		
收货人及纳税人识别号	上海光华汽车毯业有限公司 310112784356124	发货人及纳税人识别号	长春市绿园区信德机械设备有限公司 220104398872444
起运地、经由、到达地	长春—上海		
费用项目及金额	费用项目 金额 费用项目 金额 运费 4854.37	运输货物信息	片型粉碎机
合计金额	¥4854.37	税率 9% 税额 ¥436.89	机器编号 563829103
价税合计（大写）	⊗伍仟贰佰玖拾壹元贰角陆分	（小写）	¥5291.26
车种车号		车船吨位	
主营税务机关及代码	长春市净月国家税务局 220102746	备注	长春市宇华物流有限公司 220102392840637 发票专用章

第三联：发票联 受票方记账凭证

收款人： 复核人： 开票人：李雪雁 承运人：

编码：J108008-10202

电子银行业务回单（付款）

招商银行

交易日期：2019-12-03　　交易流水号：31355201506262934732947589374758

付款人账号：5008888128888889　　收款人账号：2748873818637487

付款人名称：上海光华汽车毯业有限公司　　收款人名称：长春市绿园区信德机械设备有限公司

付款人开户行：招商银行古北路支行　　收款人开户行：中国银行长春分行

币种：人民币　金额：（大写）叁万捌仟陆佰肆拾陆元整　　（小写）¥38646.00

银行附言：货款

客户附言：货款

渠道：网上银行

记账流水号：558DC2E605344DA0E1008000C5002044

电子凭证号：9800000001616

招商银行股份有限公司 电子回单专用章

登录号：15246800　　网点编号：1234　　打印状态：正常

客户验证码：80002433703762008a　　柜员号：12341014　　打印方式：自助　　打印日期：2019-12-03 13:22:45

编码：J108009-10202

电子银行业务回单（付款）

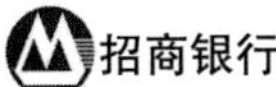

交易日期：2019-12-03　　交易流水号：31355201506293793795798271307475

付款人账号：5008888128888889　　收款人账号：637487543

付款人名称：上海光华汽车毯业有限公司　　收款人名称：长春市宇华物流有限公司

付款人开户行：招商银行古北路支行　　收款人开户行：民生银行长春分行

币种：人民币　金额：（大写）伍仟贰佰玖拾壹元贰角陆分　　（小写）¥5291.26

银行附言：运费

客户附言：运费

渠道：网上银行

记账流水号：558DC2E605344DA0E1008000C5002045

电子凭证号：9800000001613

招商银行股份有限公司
电子回单专用章

登录号：15246800　　网点编号：1234　　打印状态：正常

客户验证码：80002433703762008a　　柜员号：12341016　　打印方式：自助　　打印日期：2019-12-03　13:22:45

经济业务证明（自制原始凭证）

编码：J207010-10202

固定资产卡片

会计期间：2019年12月

代码	GDZCSB089	名称	片型粉碎机		
类别	机械设备	型号	9FQ56#30		
存储地点	玻璃钢厂房	使用情况	使用中	使用部门	玻璃钢车间
折旧费用科目	510103.02	科目名称	制造费用——玻璃钢车间		
减值准备对方科目		科目名称			
折旧方法	平均年限法	使用年限	10年	月折旧率	0.81%
原币原值	39491.26	币别	人民币	汇率	1.000000
本位币原值	39491.26	累计折旧		累计减值准备	
净值	39491.26	预计净残值	1105.66		
入账日期	2019年12月3日	增加方式	购入	入账情况	已入账

备注：

编码：J216011-10202

固定资产验收单（机械设备）

采购部门	采购部			供货单位及电话		长春市绿园区信德机械设备有限公司 0431—87657654
到货时间	2019年12月3日					
使用部门	玻璃钢车间			设备所在地点		玻璃钢车间
设备名称	规格	数量	单价（元）	总价（元）	设备编号（资产部门填写）	备注
片型粉碎机	9FQ56#30	1	39491.26	39491.26	GDZCSB089	
合计数量	1		合计总价		39491.26	
经手人签字	王平	验收人签字	刘伟		使用单位负责人签字	徐明辉
资产管理部门签字	刘伟		主管领导签字		董良	

第二联：财务处存查

说明：1.采购部门如实填写,设备编号由资产管理部门填写,若未填写,则表格视作无效。

2.本表作为财务报账凭证,手续不齐全者,不予报账。

编码：J220012-10202

付款审批单

部门：采购部　　　　　　　　2019年12月3日

收款单位	长春市绿园区信德机械设备有限公司	付款理由：支付购买的片型粉碎机	
开户银行	中国银行长春分行	待付款性质：现款现货	
银行账号	2748873818637487		
金额	人民币（大写）：⊗叁万捌仟陆佰肆拾陆元整	¥38646.00	
总经理审批	财务经理	部门经理	经办人
孙梦	张书妍	董良	王小明

编码：J220013-10202

付款审批单

部门：采购部　　　　　　　　　　　　2019年12月3日

<table>
<tr><td>收款单位</td><td>长春市绿园区信德机械设备有限公司</td><td colspan="2">付款理由：支付货物运输款</td></tr>
<tr><td>开户银行</td><td>中国银行长春分行</td><td colspan="2" rowspan="2">待付款性质：现款现货</td></tr>
<tr><td>银行账号</td><td>2748873818637487</td></tr>
<tr><td>金额</td><td colspan="3">人民币（大写）：⊗伍仟贰佰玖拾壹元贰角陆分　　　¥5291.26</td></tr>
<tr><td>总经理审批</td><td>财务经理</td><td>部门经理</td><td>经办人</td></tr>
<tr><td>孙梦</td><td>张书妍</td><td>董良</td><td>王小明</td></tr>
</table>

10103 材料会计——采购原材料

<table>
<tr><td>经济业务</td><td>采购原材料</td><td>更新时间</td><td></td><td>经济业务摘要</td></tr>
<tr><td>岗　　位</td><td>材料会计</td><td>级　　别</td><td>初级</td><td rowspan="2">采购黑色簇绒面料</td></tr>
<tr><td>工作方式</td><td colspan="3">手工</td></tr>
</table>

经济业务内容

采购部向莱芜市恒越复合材料有限公司购买黑色簇绒面料，材料验收入库，同时，收到对方开具的增值税专用发票，暂未付款。

经济业务处理要求

了解企业材料采购过程，掌握材料采购核算过程中涉及增值税（进项税额）的计算与处理。审核材料采购增值税专用发票、材料采购入库单等，并据此分析经济业务，根据有关原始单据正确确定材料入账成本，参照采购及收货业务核算流程，运用借贷记账法编制记账凭证，登记相关账簿。

注意正确进行材料采购成本的确认和计量。

经济业务流程

上海光华汽车毯业有限公司

流程名称：采购及收货流程（计划内及固定供应商）

流程代码：CH12510206

更新时间：2019年12月

风险点：

部门名称：	审批人：
主责岗位：	会签
编 辑 人：	

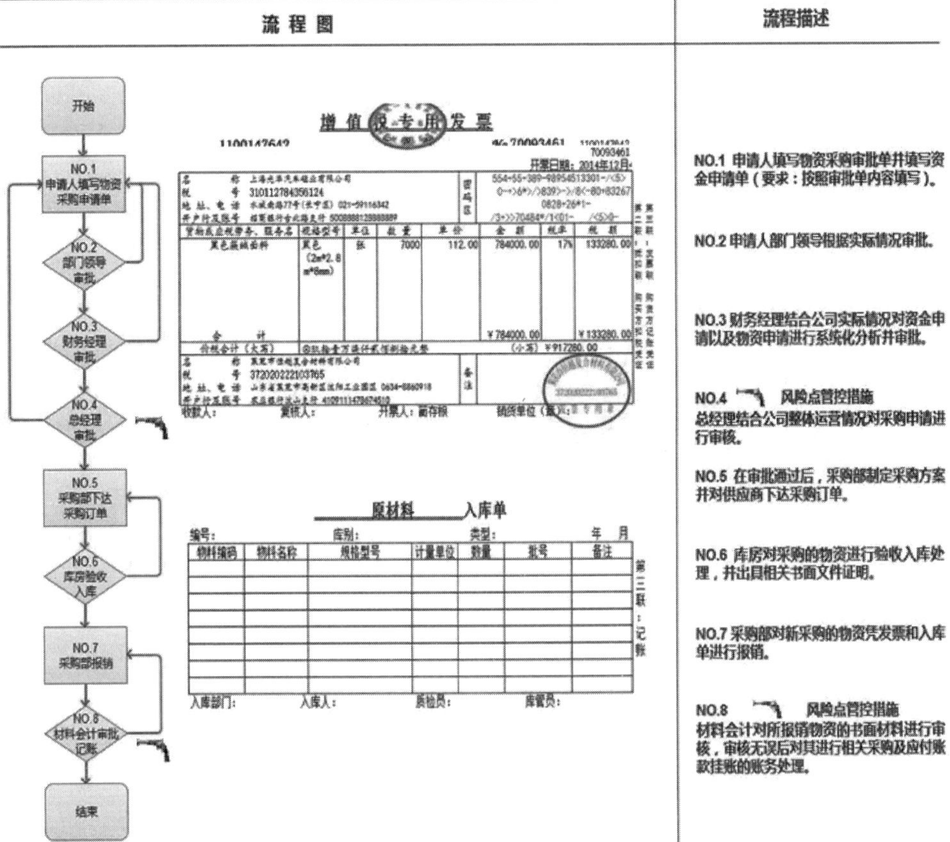

增值税专用发票

开票日期：2014年12月

名称	上海光华汽车毯业有限公司						
货物或应税劳务、服务名称	规格型号	单位	数量	单价	金额	税率	税额
黑色腈纶面料	黑色(2m*2.8m*6mm)	张	7000	112.00	784000.00	17%	133280.00
合计					¥784000.00		¥133280.00
价税合计（大写）	⊗玖拾壹万柒仟贰佰捌拾元整				（小写）¥917280.00		

收款人： 复核人： 开票人： 销货单位（章）：

原材料 入库单

编号： 库别： 类型： 年 月

物料编码	物料名称	规格型号	计量单位	数量	批号	备注

第二联：记账

入库部门： 入库人： 质检员： 库管员：

NO.1 申请人填写物资采购审批单并填写资金申请单（要求：按照审批单内容填写）。

NO.2 申请人部门领导根据实际情况审批。

NO.3 财务经理结合公司实际情况对资金申请以及物资申请进行系统化分析并审批。

NO.4 风险点管控措施
总经理结合公司整体运营情况对采购申请进行审核。

NO.5 在审批通过后，采购部制定采购方案并对供应商下达采购订单。

NO.6 库房对采购的物资进行验收入库处理，并出具相关书面文件证明。

NO.7 采购部对新采购的物资凭发票和入库单进行报销。

NO.8 风险点管控措施
材料会计对所报销物资的书面材料进行审核，审核无误后对其进行相关采购及应付账款挂账的账务处理。

经济业务证明（外来原始凭证）

编码：J105019-10103

增值税专用发票

发票联

No.70093461

机器编号：

1100147642

开票日期：2019年12月4日

购买方		密码区	
名称	上海光华汽车毯业有限公司	密码区	554+55+389-98954513301-/<5> 0-+>6*>/>839>->/8<-80+83267 0828+26*1-/3+>>70484*/1<01- /<5>0-+>6*>/>831>49+834*14<
税号	310112784356124		
地址、电话	水城南路77号（长宁区）021-59116342		
开户行及账号	招商银行古北路支行 5008888128888889		

货物或应税劳务、服务名称	规格型号	单位	数量	单价	金额	税率	税额
黑色簇绒面料	黑色（2m×2.8m×8mm）	张	7000	112.00	784000.00	13%	101920.00
合计					¥784000.00		¥101920.00
价税合计（大写）	⊗捌拾捌万伍仟玖佰贰拾元整				（小写）	¥885920.00	

销售方		备注
名称	莱芜市恒越复合材料有限公司	莱芜市恒越复合材料有限公司 372020222103765 发票专用章
税号	372020222103765	
地址、电话	山东省莱芜市高新区汶阳工业园区0634-8860918	
开户行及账号	农业银行汶山支行 4109111478674510	

收款人： 复核人： 开票人：蔺存根 销货单位（章）：

第三联：发票联 购货方记账凭证

经济业务证明（自制原始凭证）

编码：J205020-10103

原材料 入库单

编号：12-04-001 库别：原材料仓 类型：采购入库 2019年12月4日

物料编码	物料名称	规格型号	计量单位	数量	批号	备注
YCL101	黑色簇绒面料	黑色（2m×2.8m×8mm）	张	7000	20191204001	采购入库

入库部门：采购部 入库人：王刚 质检员：刘思源 库管员：徐林

第三联：记账

10104 材料会计——采购原材料

经济业务	采购原材料	更新时间		经济业务摘要
岗　　位	材料会计	级　　别	初级	采购玻璃钢片材
工作方式	手工			

经济业务内容

采购部向上海市恒盈物资材料有限公司购买玻璃钢片材，材料已验收入库，增值税专用发票已收到。

经济业务处理要求

材料采购业务处理：审核材料采购增值税专用发票、材料采购入库单等，并据此分析经济业务，根据有关原始单据正确确定材料入账成本，办理电子银行转账支付手续，参照采购及收货业务核算流程，运用借贷记账法编制记账凭证，登记相关账簿。

注意正确进行材料入账成本的计量及电子银行转账手续的办理。

经济业务流程

上海光华汽车毯业有限公司

流程名称： 采购及付款业务流程（计划内）

流程代码： GH11010104

更新时间： 2019年12月

风险点：

部门名称：	审批人：
主责岗位：	会签
编 辑 人：	

流程图	流程描述

开始 → NO.1 申请人填写物资采购申请审批单 → NO.2 部门领导审批 → NO.3 采购部填写资金申请单 → NO.4 采购部领导审批 → NO.5 财务经理审批 → NO.6 总经理审批 → NO.7 采购部下达订单 → NO.8 出纳进行付款 → NO.9 供应商提供发票 → NO.10 会计审核记账 → 结束

增值税专用发票

1100102214　　№.78330234　1100102214 78330234

开票日期：2019年12月5日

购买方	
名 称	上海光华汽车毯业有限公司
税 号	310112784356124
地 址、电 话	水城南路77号(长宁区) 021-599116342
开户行及账号	招商银行古北路支行 5008888128888889
密码区	554+55+389-98954513301-/<5> 0-+>6*>/>839>->/8<-80+83267 0828+26*1- /3+>>70484*/1<01- /<5>0-+>6*>/>831>49+834*14<

货物或应税劳务、服务名称	规格型号	单位	数量	单价	金额	税率	税额
玻璃钢片材	SMC（1000mm×2.5mm）	千克	5600	9.80	54880.00	17%	9329.60
合 计					¥54880.00		¥9329.60
价税合计（大写）	⊗陆万肆仟贰佰零玖元陆角整				（小写）¥64209.60		

销售方	
名 称	上海市恒盈物资有限公司
税 号	310228738800230
地 址、电 话	上海市杨浦区宝山路778号 021-57833180
开户行及账号	招商银行宝山路支行 5008887284092717
备注	

收款人：　复核人：　开票人：邱国栋　销货单位（章）：

第二联：抵扣联 购买方扣税凭证　第三联：发票联 购买方记账凭证

原材料 入库单

编号：12-05-001　库别：原材料仓　类型：采购入库　2019年12月5日

物料编码	物料名称	规格型号	计量单位	数量	批号	备注
YCL002	玻璃钢片材	SMC（1000mm×2.5mm）	千克	5600	20141205001	采购入库

入库部门：采购部　入库人：王刚　质检员：刘思源　库管员：徐林

第三联：记账

付款审批单

部门：采购部　2019年12月5日

收款单位	上海市恒盈物资材料有限公司	付款理由：支付购买玻璃钢片材款项	
开户银行	招商银行宝山路支行	待付款性质：现款现货	
银行账号	5008887284092717		
金额	人民币（大写） ⊗佰⊗拾陆万肆仟贰佰零玖元陆角零分 ¥ 64209.60		
总经理审批	财务经理	部门经理	经办人
孙梦	张书妍	董良	王小明

流程描述

NO.1 申请人填写物资采购审批单（要求：按照审批单内容填写）。

NO.2 申请人部门领导根据实际情况进行审批。

NO.3 风险点管控措施
采购部根据申请单内容选择相应供应商，并结合采购物资原则填写资金申请。

NO.4 采购部领导对物资申请以及资金申请做综合性审批。

NO.5 财务经理结合公司实际情况对资金申请以及物资申请进行系统化分析并审批。

NO.6 风险点管控措施
总经理结合公司整体运营情况对申请进行审核。

NO.7 在审批通过后，采购部制定采购方案并对供应商下达采购订单。

NO.8 出纳根据审批后的申请进行付款并进行相关的账务处理。

NO.9 供应商提供物资发票等相关文件证明。

NO.10 风险点管控措施
会计对所报销物资书面材料进行审核，审核无误后对其进行相关的账务处理。

经济业务证明（外来原始凭证）

编码：J105025-10104

增值税专用发票

发票联

No.78330234

机器编号：1100102214　　　　开票日期：2019年12月5日

购买方		密码区	
名　　称	上海光华汽车毯业有限公司		554+55+389-98954513301-/<5>
税　　号	310112784356124		0-+>6*>/>839>->/8<-80+83267
地 址、电 话	水城南路77号（长宁区）021-599116342		0828+26*1- /3+>>70484*/1<01-
开户行及账号	招商银行古北路支行 5008888128888889		/<5>0-+>6*>/>831>49+834*14<

货物或应税劳务、服务名称	规格型号	单位	数量	单价	金额	税率	税额
玻璃钢片材	SMC（1000mm×2.5mm）	千克	5600	9.80	54880.00	13%	7134.40
合　计					¥54880.00		¥7134.40
价税合计（大写）	⊗陆万贰仟零壹拾肆元肆角零分				（小写）	¥62014.40	

销售方		备注
名　　称	上海市恒盈物资有限公司	上海市恒盈物资材料有限公司 310228738800230 发票专用章
税　　号	310228738800230	
地 址、电 话	上海市杨浦区宝山路778号 021-57833180	
开户行及账号	招商银行宝山路支行 5008887284092717	

收款人：　　　复核人：　　　开票人：邱国栋　　　销货单位（章）：

第三联：发票联　购货方记账凭证

编码：J108026-10104

电子银行业务回单（付款）

招商银行

交易日期：2019-12-05	交易流水号：31355201506293827387581190049105
付款人账号：5008888128888889	收款人账号：310228738800230
付款人名称：上海光华汽车毯业有限公司	收款人名称：上海市恒盈物资有限公司
付款人开户行：招商银行古北路支行	收款人开户行：招商银行宝山路支行
币种：人民币　金额：（大写）陆万贰仟零壹拾肆元肆角整	（小写）¥62014.40

银行附言：材料款

客户附言：材料款

渠道：网上银行

记账流水号：558DC2E605344DA0E1h5njf9008239615

电子凭证号：9872093900182

招商银行股份有限公司
电子回单专用章

登录号：152436800	网点编号：1234		打印状态：正常
客户验证码：80002433703762008a	柜员号：12341119	打印方式：自助	打印日期：2019-12-05　11:40:29

经济业务证明（自制原始凭证）

编码：J205027-10104

原材料 入库单

编号：12-05-001　　库别：原材料仓　　类型：采购入库　　2019年12月5日

物料编码	物料名称	规格型号	计量单位	数量	批号	备注
YCL002	玻璃钢片材	SMC（1000㎜×2.5㎜）	千克	5600	20191205001	采购入库

第三联：记账

入库部门：采购部　　入库人：王刚　　质检员：刘思源　　库管员：徐林

编码：J220028-10104

付款审批单

部门：采购部　　2019年12月5日

收款单位	上海市恒盈物资材料有限公司	付款理由：支付购买玻璃钢片材款项	
开户银行	招商银行宝山路支行	待付款性质：现款现货	
银行账号	5008887284092717		
金额	人民币（大写）：⊗陆万贰仟零壹拾肆元肆角整	￥62014.40	
总经理审批	财务经理	部门经理	经办人
孙梦	张书妍	董良	王小明

10705 出纳员——申请银行汇票以支付欠款

<table>
<tr><td>经济业务</td><td>申请银行汇票以支付欠款</td><td>更新时间</td><td></td><td>经济业务摘要</td></tr>
<tr><td>岗　　位</td><td>出纳员</td><td>级　　别</td><td>初级</td><td rowspan="2">取得银行汇票、支付前欠材料款</td></tr>
<tr><td>工作方式</td><td colspan="3">手工</td></tr>
</table>

经济业务内容

向银行提交“银行汇票申请书”，将款项从银行账户中转出并交存银行。收到银行签发的银行汇票一张，用于支付莱芜市恒越复合材料有限公司的材料款。

经济业务处理要求

银行汇票支付业务处理：分析经济业务，办理申请银行汇票手续，填制银行汇票申请书；根据有关原始单据，办理银行汇票支付货款业务；依据原始凭证，参照采购及收货业务核算流程，运用借贷记账法编制记账凭证，登记相关账簿。

注意银行汇票的适用条件及其使用特点，正确运用会计科目。

经济业务流程

上海光华汽车毯业有限公司

流程名称：银行汇票支付欠款业务流程

流程代码：GH10610705

更新时间：2019年12月

风险点：

部门名称：	审批人：	
主责岗位：	会签	
编 辑 人：		

流程图	流程描述
开始	
NO.1 出纳员填制申请单	NO.1 出纳填写转账审批单（要求：按照单据规定内容填写）。
NO.2 财务经理审批	NO.2 财务经理根据公司资金情况对审批单进行审批。
NO.3 总经理审批	NO.3 总经理结合公司情况对审批单进行综合审批。
NO.4 出纳员填制汇票	NO.4 风险点管控措施 出纳员按照银行规定填写银行汇票（要求：对金额、公司名称、开户行账号等认真核对）。
NO.5 银行审核	NO.5 银行经办人员对汇票进行审核，审核无误后进行业务处理。
NO.6 出纳传递汇票	NO.6 出纳对审核无误的汇票传递到对应公司，并进行相应的账务处理。
NO.7 对方公司开具收据	NO.7 对方对汇票无异议的需开具与其对应的收据证明。
NO.8 材料会计审核记账	NO.8 风险点管控措施 材料会计审核收据明细，审核无误后进行相应的账务处理。
结束	

付款审批单

招商银行 汇票申请书（存根） XX0025876

银行汇票 03093138

收据 NO.000001 日期：2019年12月5日

今收到 上海光华汽车毯业有限公司

交来 材料 款

人民币（大写）：壹拾万元整 ¥100,000.00

收款方式：银行承兑汇票 票号：3093138

收款单位公章 | 收款人 孙齐 | 交款人 赵梦

经济业务证明（外来原始凭证）

编码：J111033-10705

付款期限 壹个月

招商银行
银行汇票

03093138

出票日期 贰零壹玖年壹拾贰月零伍日	代理付款行：招商银行古北路支行	行号：3456789012
收款人：莱芜市恒越复合材料有限公司		账号：310112884313500
出票金额 人民币（大写）：壹佰万元整		
实际结算金额 人民币（大写）		千 百 十 万 千 百 十 元 角 分

申请人：上海光华汽车毯业有限公司　　账号或住址：5008888128888889

出票行：招商银行古北路支行　行号：3456789012

备 注：

	科目（借）：
多余金额	对方科目（贷）：
千 百 十 万 千 百 十 元 角 分	兑付日期：年 月 日
	复核：记账：

凭票付款

出票行签章

此联收款人开户行随托收凭证寄付款行做借方凭证附件

编码：J116034-10705

收 据

NO.000001

日期：2019年12月5日

今收到 上海光华汽车毯业有限公司

交 来 材料 款

人民币（大写）：壹拾万元整　　¥100000.00

收款方式：银行汇票　　票号：3093138

收款人	交款人
孙齐	赵梦

收款单位公章

第三联：财务

经济业务证明（自制原始凭证）

编码：J217035-10705

汇票申请书（存 根）

申请日期 2019年12月5日　　XX0025876

<table>
<tr><td>申请人</td><td>上海光华汽车毯业有限公司</td><td>收款人</td><td colspan="11">莱芜市恒越复合材料有限公司</td></tr>
<tr><td>账号或住址</td><td>上海市水城南路77号（长宁区）</td><td>账号或住址</td><td colspan="11">山东省莱芜市凤凰路258号</td></tr>
<tr><td>用途</td><td>支付材料款</td><td>代理付款行</td><td colspan="11">招商银行莱芜市分行</td></tr>
<tr><td rowspan="2">汇票金额</td><td rowspan="2">人民币（大写）</td><td rowspan="2">壹拾万元整</td><td>千</td><td>百</td><td>十</td><td>万</td><td>千</td><td>百</td><td>十</td><td>元</td><td>角</td><td>分</td></tr>
<tr><td></td><td>¥</td><td>1</td><td>0</td><td>0</td><td>0</td><td>0</td><td>0</td><td>0</td><td>0</td></tr>
<tr><td colspan="2">备注
招商银行股份有限公司古北路支行 柜面业务章</td><td colspan="12">科　目（借）
对方科目（贷）
转账日期　　年　月　日
复核　　记账</td></tr>
</table>

此联申请人留存

编码：J220036-10705

付款审批单

部门：采购部　　2019年12月6日

<table>
<tr><td>收款单位</td><td>莱芜市恒越复合材料有限公司</td><td colspan="2">付款理由：支付材料款</td></tr>
<tr><td>开户银行</td><td>招商银行莱芜市分行</td><td colspan="2" rowspan="2">待付款性质：现款现货</td></tr>
<tr><td>银行账号</td><td>310112884313566</td></tr>
<tr><td>金额</td><td colspan="3">人民币（大写）：⊗壹拾万元整　　¥100000.00</td></tr>
<tr><td>总经理审批</td><td>财务经理</td><td>部门经理</td><td>经办人</td></tr>
<tr><td>孙梦</td><td>张书妍</td><td>董良</td><td>王小明</td></tr>
</table>

10206 资产会计——购买无形资产

经济业务	购买无形资产	更新时间		经济业务摘要
岗　　位	资产会计	级　　别	初级	购入用友管理系统软件
工作方式	手工			

经济业务内容

购买用友产品数据管理 Professional（V7.5）版系统，收到增值税专用发票，以电子银行转账支付，系统使用年限为 10 年。

经济业务处理要求

购置无形资产业务处理：审核无形资产购置所收到的增值税专用发票等，并据此分析经济业务，根据有关原始单据确认并计量无形资产入账成本，办理电子银行转账支付手续，参照购置无形资产业务的核算流程，运用借贷记账法编制记账凭证，登记相关账簿。

注意无形资产业务处理的特点，正确进行无形资产入账成本的计量，正确运用会计科目。

经济业务流程

上海光华汽车毯业有限公司

流程名称：购入无形资产流程（计划内）

流程代码：GH10310202

更新时间：2019年12月

风险点：

部门名称：	审批人：
主责岗位：	会签
编辑人：	

流程图	流程描述

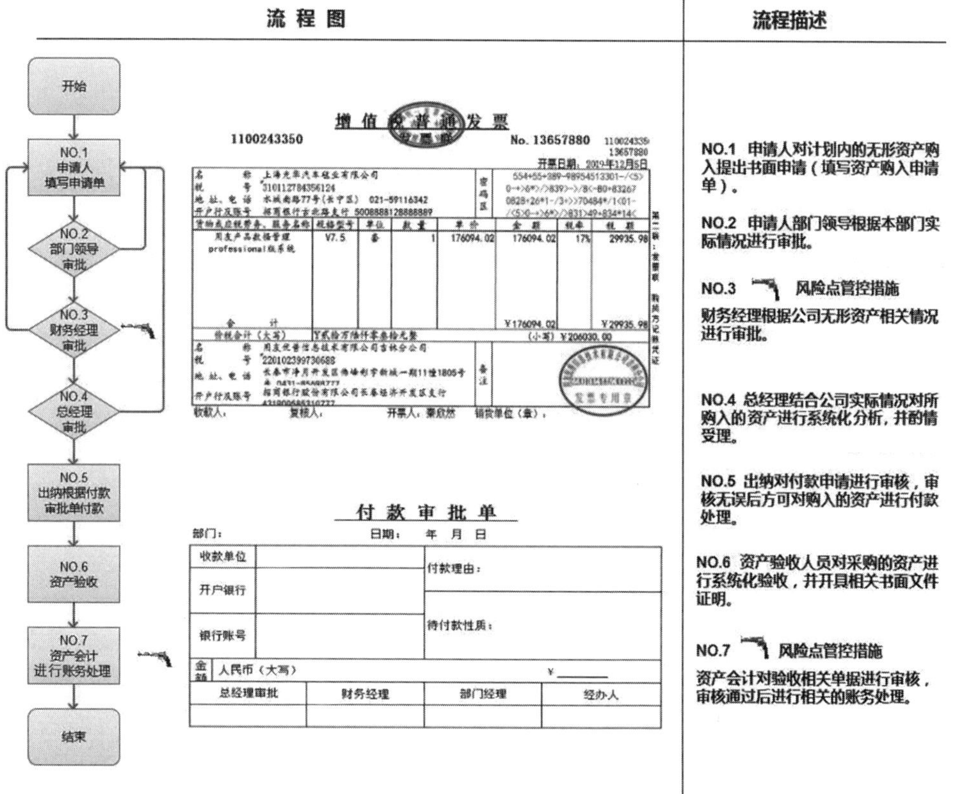

增值税普通发票

1100243350　　No. 13657880　　1100243350 13657880

开票日期：2019年12月5日

购买方		密码区	
名称	上海光华汽车毯业有限公司		554+55+389-98954513301-/<5>
纳税人识别号	310112784356124		0-+>6*>/>839>->/8<-80+83267
地址、电话	水城南路77号（长宁区） 021-59116342		0828+26*1-/3+>>70484*/1<01-
开户行及账号	招商银行古北路支行 5008888128888889		/<5>0-+>6*>/>831>49+834*14<

货物或应税劳务、服务名称	规格型号	单位	数量	单价	金额	税率	税额
用友产品数据管理professional版系统	V7.5	套	1	176094.02	176094.02	17%	29935.98
合计					¥176094.02		¥29935.98
价税合计（大写）	⊗贰拾万陆仟零叁拾元整				（小写）¥206030.00		

销售方		备注
名称	用友优普信息技术有限公司吉林分公司	
纳税人识别号	220102399730688	
地址、电话	长春市净月开发区傲城创宇新城一期11幢1805号 0431-85488777	
开户行及账号	招商银行股份有限公司长春经济开发区支行 431900686310777	

第二联：发票联　购买方记账凭证

收款人：　复核人：　开票人：秦欣然　销售单位（章）：

发票专用章

付款审批单

部门：　日期：　年　月　日

收款单位		付款理由：	
开户银行			
银行账号		待付款性质：	
金额	人民币（大写）	¥	
总经理审批	财务经理	部门经理	经办人

NO.1 申请人对计划内的无形资产购入提出书面申请（填写资产购入申请单）。

NO.2 申请人部门领导根据本部门实际情况进行审批。

NO.3 风险点管控措施

财务经理根据公司无形资产相关情况进行审批。

NO.4 总经理结合公司实际情况对所购入的资产进行系统化分析，并酌情受理。

NO.5 出纳对付款申请进行审核，审核无误后方可对购入的资产进行付款处理。

NO.6 资产验收人员对采购的资产进行系统化验收，并开具相关书面文件证明。

NO.7 风险点管控措施

资产会计对验收相关单据进行审核，审核通过后进行相关的账务处理。

经济业务证明（外来原始凭证）

编码：J105042-10206

增值税专用发票

发票联

No.13657880

机器编号：

1100243350

开票日期：2019年12月5日

<table>
<tr><td rowspan="4">购买方</td><td>名　　称</td><td colspan="4">上海光华汽车毯业有限公司</td><td rowspan="4">密码区</td><td colspan="3" rowspan="4">554+55+389-98954513301-/<5>
0-+>6*>/>839>->/8<-80+83267
0828+26*1-/3+>>70484*/1<01-
/<5>0-+>6*>/>831>49+834*14<</td></tr>
<tr><td>税　　号</td><td colspan="4">310112784356124</td></tr>
<tr><td>地址、电话</td><td colspan="4">水城南路77号（长宁区）021-59116342</td></tr>
<tr><td>开户行及账号</td><td colspan="4">招商银行古北路支行 5008888128888889</td></tr>
<tr><td colspan="2">货物或应税劳务、服务名称</td><td>规格型号</td><td>单位</td><td>数量</td><td>单价</td><td colspan="2">金额</td><td>税率</td><td>税额</td></tr>
<tr><td colspan="2">用友产品数据管理professional版系统</td><td>V7.5</td><td>套</td><td>1</td><td>176094.02</td><td colspan="2">176094.02</td><td>13%</td><td>22892.22</td></tr>
<tr><td colspan="2">合　　计</td><td></td><td></td><td></td><td></td><td colspan="2">¥176094.02</td><td></td><td>¥22892.22</td></tr>
<tr><td colspan="2">价税合计（大写）</td><td colspan="6">⊗壹拾玖万捌仟玖佰捌拾陆元贰角肆分</td><td colspan="2">（小写）¥198986.24</td></tr>
<tr><td rowspan="4">销售方</td><td>名　　称</td><td colspan="4">用友优普信息技术有限公司吉林分公司</td><td rowspan="4">备注</td><td colspan="3" rowspan="4">用友优普信息技术有限公司吉林分公司
220102399730688
发票专用章</td></tr>
<tr><td>税　　号</td><td colspan="4">220102399730688</td></tr>
<tr><td>地址、电话</td><td colspan="4">长春市净月开发区伟峰彩宇新城一期11幢1805号房 0431-85698777</td></tr>
<tr><td>开户行及账号</td><td colspan="4">招商银行股份有限公司长春经济开发区支行 431900585310777</td></tr>
</table>

第三联：发票联　购货方记账凭证

收款人：　　复核人：　　开票人：秦欣然　　销货单位（章）：

编码：J108043-10206

电子银行业务回单（付款）

招商银行

交易日期：2019-12-05　　交易流水号：31355201506262059678641313074758

付款人账号：5008888128888889　　收款人账号：431900585310777

付款人名称：上海光华汽车毯业有限公司　　收款人名称：用友优普信息技术有限公司吉林分公司

付款人开户行：招商银行古北路支行　　收款人开户行：招商银行长春经开支行

币种：人民币　金额：（大写）壹拾玖万捌仟玖佰捌拾陆元贰角肆分　　（小写）¥198986.24

银行附言：货款

客户附言：货款

渠道：网上银行

记账流水号：558DC2E605344DA0E1008000C5002051

电子凭证号：9800000001620

招商银行股份有限公司
电子回单专用章

登录号：15246800　　网点编号：1234　　打印状态：正常

客户验证码：80002433703762008a　　柜员号：12341011　　打印方式：自助　　打印日期：2019-12-05　11:28:13

经济业务证明（自制原始凭证）

编码：J220044-10206

付款审批单

部门：采购部　　2019年12月5日

收款单位	用友优普信息技术有限公司吉林分公司	付款理由：支付用友管理系统价款
开户银行	招商银行股份有限公司 长春经济开发区支行	待付款性质：现款现货
银行账号	431900585310777	
金额	人民币（大写）：⊗壹拾玖万捌仟玖佰捌拾陆元贰角肆分	¥198986.24

总经理审批	财务经理	部门经理	经办人
孙梦	张书妍	董良	王小明

10707 出纳员——支付网上银行服务费

经济业务	支付网上银行服务费	更新时间		经济业务摘要
岗　　位	出纳员	级　　别	初级	支付11月份网上银行服务费
工作方式	手工			

经济业务内容

以电子银行转账支付开户银行网上银行服务费。

经济业务处理要求

费用支付业务处理：审核银行转来的“电子银行业务回单”，据此分析经济业务，根据有关原始单据及费用构成和确认原则，确定费用性质，参照网上银行服务费业务的核算流程，运用借贷记账法编制记账凭证，登记相关账簿。

注意企业财务费用的构成及特征，正确运用会计科目。

经济业务流程

上海光华汽车毯业有限公司

流程名称：支付网上银行服务费流程

流程代码：GH11410707

更新时间：2019年12月

风险点：

部门名称：	审批人：	
主责岗位：	会签	
编 辑 人：		

流 程 图	流程描述

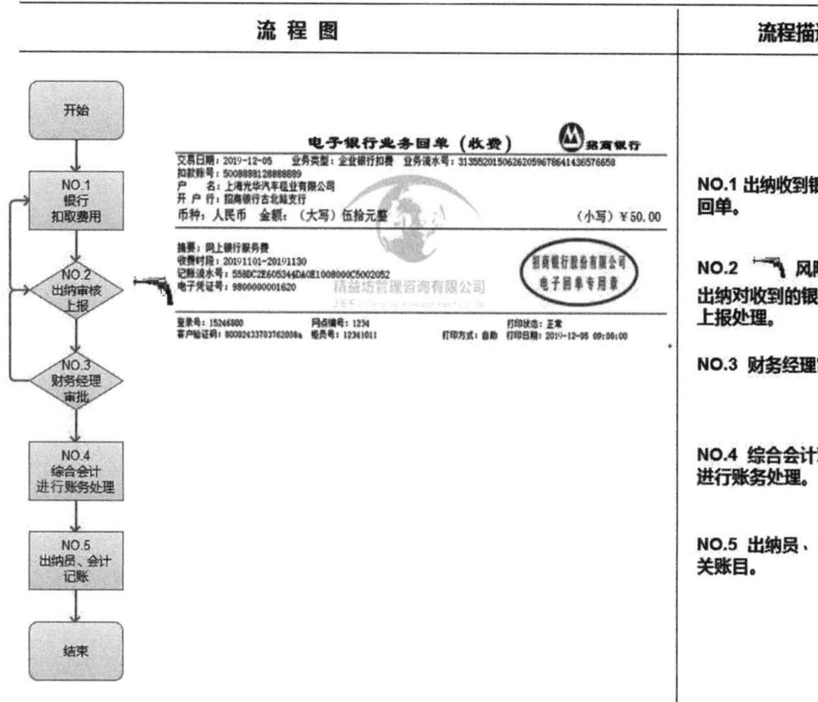

电子银行业务回单（收费） 招商银行

交易日期：2019-12-05 业务类型：企业银行扣费 业务流水号：31355201506262059678641436576658

扣款账号：500888812888889

户 名：上海光华汽车毯业有限公司

开 户 行：招商银行古北路支行

币种：人民币 金额：（大写）伍拾元整 （小写）¥50.00

摘要：网上银行服务费

收费时段：20191101-20191130

记账流水号：558DC2E605344DA0E1008000C5002052

电子凭证号：980000001620

招商银行股份有限公司 电子回单专用章

登录号：15246800 网点编号：1234 打印状态：正常

客户验证码：80002433703762008a 柜员号：12341011 打印方式：自助 打印日期：2019-12-05 09:08:00

NO.1 出纳收到银行收费电子业务回单。

NO.2 风险点管控措施

出纳对收到的银行业务回单进行上报处理。

NO.3 财务经理审批扣款回单。

NO.4 综合会计对银行业务回单进行账务处理。

NO.5 出纳员、会计分别登记相关账目。

经济业务证明（外来原始凭证）

编码：J109049-10707

电子银行业务回单（付款） 招商银行

交易日期：2019-12-05　　业务类型：企业银行扣费　　业务流水号：31355201506262059678641436576658

扣款账号：5008888128888889

户　名：上海光华汽车毯业有限公司

开户行：招商银行古北路支行

币种：人民币　金额：（大写）伍拾元整　　（小写）¥50.00

摘要：网上银行服务费

收费时段：20191101-20191130

记账流水号：558DC2E605344DA0E1008000C5002052

电子凭证号：9800000001620

招商银行股份有限公司 电子回单专用章

登录号：15246800　　网点编号：1234　　打印状态：正常

客户验证码：80002433703762008a　　柜员号：12341011　　打印方式：自助　　打印日期：2019-12-05　09:00:00

10808 综合会计——报销差旅费

<table>
<tr><td>经济业务</td><td>报销差旅费</td><td>更新时间</td><td></td><td>经济业务摘要</td></tr>
<tr><td>岗　　位</td><td>综合会计</td><td>级　　别</td><td>初级</td><td rowspan="2">李明报销差旅费</td></tr>
<tr><td>工作方式</td><td colspan="3">手工</td></tr>
</table>

经济业务内容

综合管理部李明报销差旅费，以电子银行转账支付。

经济业务处理要求

费用报销业务：审核费用报销单及其所附的原始凭证，分析经济业务，参照差旅费报销业务的核算流程，填写费用报销单，根据审核无误的原始凭证，运用借贷记账法编制记账凭证，办理电子银行支付业务，登记相关账簿。

注意差旅费报销标准、审批程序及相关原始凭证的审核。

经济业务流程

上海光华汽车毯业有限公司

流程名称：报销差旅费业务流程

流程代码：GH11110808

更新时间：2019年12月

风险点：

部门名称：	审批人：
主责岗位：	会签
编 辑 人：	

流程图	流程描述
开始	
NO.1 报销人填写申请单	NO.1 报销人填写差旅费报销单（要求：按照报销单内容填写）。
NO.2 部门领导审批	NO.2 部门领导根据申请人实际情况进行审批。
NO.3 财务经理审批	NO.3 风险点管控措施 财务经理根据报销单内容，结合公司相关规定进行审批。
NO.4 总经理审批	NO.4 总经理对报销单进行审批。
NO.5 综合会计进行账务处理	NO.5 综合会计在接到审批通过的报销单后进行相关的账务处理。
NO.6 出纳付款	NO.6 风险点管控措施 出纳员在综合会计进行账务处理后，对报销单进行付款，同时，对报销单与相关付款凭证进行相应的账务处理。
结束	

差旅费用报销单

部门　　　　年　月　日

出差人		出差事由	

出发 月	日	时	地点	到达 月	日	时	地点	交通工具	交通费 单据张数	金额	出差补贴 天数	金额	其他费用 项目	单据张数	金额
													住宿费		
													市内车费		
													邮电费		
													办公用品费		
													不买卧铺补贴		
													其他		
合计															

报销总额	人民币 ¥ （大写）	预借差旅费	¥	补领金额	¥
				退还金额	¥

总经理：　财务经理：　部门经理：　出纳：　报销人：

航空运输电子客票行程单

以此为例

航空运输电子客票行程单

以此为例

经济业务证明（外来原始凭证）

编码：J110053-10808

航空运输电子客票行程单
ITINERARY/RECEIPT OF E-TICKET FOR AIR TRANSPORTATION
国家税务总局监制
PRINTED UNDER THE SUPERVISION OF SAT
印刷序号：NO 7259810000 6
SERIAL NUMBER

旅客姓名 PASSENGER NAME：李明
有效身份证件号码 ID.NO.：520201198208040016
签注 ENDORSEMENTS/RESTRICTIONS(CARBON)：不得签转仅限原出票地退票

	承运人 CARRIER	航班号 FLIGHT	座位等级 CLASS	日期 DATE	时间 TIME	客票级别/客票类别 FARE BASIS	客票生效日期 NOT VALID BEFORE	有效截止日期 NOT VALID AFTER	免费行李 ALLOW
自 FROM 上海	南航	5230	A	2014-12-05	17:50				20K
至 TO 成都									
至 TO VOID									
至 TO									
至 TO									

票价 FARE：CNY 1226　机场建设费 AIRPORT TAX：CN 100　燃油附加费 FUEL SURCHARGE：　其他税费 OTHER TAXES：　合计 TOTAL：CNY 1326

电子客票号码 E-TICKET NO：7813196190088　验证码 CK：4513　连续客票 CONJUNCTION TKT：　保险费 INSURANCE：XXX

销售单位代号 AGENT CODE：Q1U149 08307777　填开单位 ISSUED BY：上海南航售票处　填开日期 ISSUED DATE：2019-12-05

查询网址：WWW.TRAVELSKY.COM　服务热线：400-815-8888

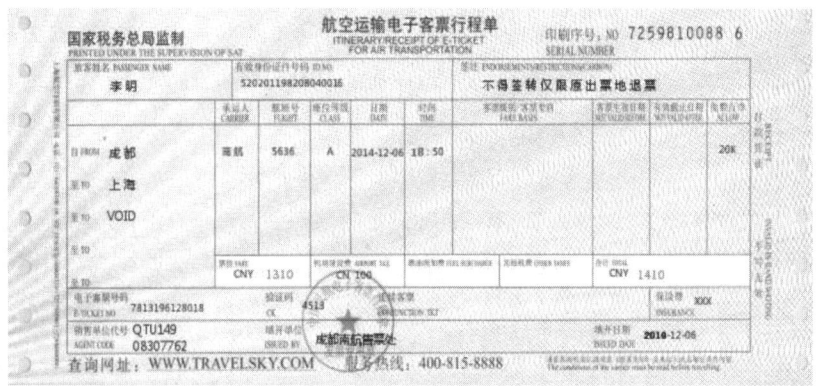

编码：J110054-10808

航空运输电子客票行程单
ITINERARY/RECEIPT OF E-TICKET FOR AIR TRANSPORTATION
国家税务总局监制
PRINTED UNDER THE SUPERVISION OF SAT
印刷序号：NO 7259810088 6
SERIAL NUMBER

旅客姓名 PASSENGER NAME：李明
有效身份证件号码 ID.NO.：520201198208040016
签注 ENDORSEMENTS/RESTRICTIONS(CARBON)：不得签转仅限原出票地退票

	承运人 CARRIER	航班号 FLIGHT	座位等级 CLASS	日期 DATE	时间 TIME	客票级别/客票类别 FARE BASIS	客票生效日期 NOT VALID BEFORE	有效截止日期 NOT VALID AFTER	免费行李 ALLOW
自 FROM 成都	南航	5636	A	2014-12-06	18:50				20K
至 TO 上海									
至 TO VOID									
至 TO									
至 TO									

票价 FARE：CNY 1310　机场建设费 AIRPORT TAX：CN 100　燃油附加费 FUEL SURCHARGE：　其他税费 OTHER TAXES：　合计 TOTAL：CNY 1410

电子客票号码 E-TICKET NO：7813196128018　验证码 CK：4513　连续客票 CONJUNCTION TKT：　保险费 INSURANCE：XXX

销售单位代号 AGENT CODE：QTU149 08307762　填开单位 ISSUED BY：成都南航售票处　填开日期 ISSUED DATE：2019-12-06

查询网址：WWW.TRAVELSKY.COM　服务热线：400-815-8888

编码：J108055-10808

电子银行业务回单（付款）

招商银行

交易日期：2019-12-06　　交易流水号：31355201506262059678641313000000
付款人账号：5008888128888889　　收款人账号：6214834310020056
付款人名称：上海光华汽车毯业有限公司　　收款人名称：李明
付款人开户行：招商银行古北路支行　　收款人开户行：招商银行古北路支行
币种：人民币　金额：（大写）贰仟柒佰叁拾陆元整　　（小写）¥ 2736.00

银行附言：报销
客户附言：报销
渠道：网上银行
记账流水号：558DC2E605344DA0E1008000C5002051
电子凭证号：9800000001620

招商银行股份有限公司
电子回单专用章

登录号：15246800　网点编号：1234　打印状态：正常
客户验证码：80002433703762008a　柜员号：12341107　打印方式：自助　打印日期：2019-12-06　11:21:36

经济业务证明（自制原始凭证）

编码：J208056-10808

差旅费用报销单

部门 综合管理部　　　　　　　　　　　　　　　　2019年12月6日

<table>
<tr><td colspan="4">出差人</td><td colspan="5">李明</td><td colspan="3">出差事由</td><td colspan="3">参加培训</td></tr>
<tr><td colspan="4">出 发</td><td colspan="4">到 达</td><td rowspan="2">交通工具</td><td colspan="2">交通费</td><td colspan="2">出差补助</td><td colspan="3">其他费用</td></tr>
<tr><td>月</td><td>日</td><td>时</td><td>地点</td><td>月</td><td>日</td><td>时</td><td>地点</td><td>单据张数</td><td>金额</td><td>天数</td><td>金额</td><td>项 目</td><td>单据张数</td><td>金额</td></tr>
<tr><td>12</td><td>5</td><td>17</td><td>上海</td><td>12</td><td>5</td><td>20</td><td>成都</td><td>飞机</td><td>1</td><td>1326.00</td><td></td><td></td><td>住宿费</td><td></td><td></td></tr>
<tr><td>12</td><td>6</td><td>18</td><td>成都</td><td>12</td><td>6</td><td>21</td><td>上海</td><td>飞机</td><td>1</td><td>1410.00</td><td></td><td></td><td>市内车费</td><td></td><td></td></tr>
<tr><td></td><td></td><td></td><td></td><td></td><td></td><td></td><td></td><td></td><td></td><td></td><td></td><td></td><td>邮电费</td><td></td><td></td></tr>
<tr><td></td><td></td><td></td><td></td><td></td><td></td><td></td><td></td><td></td><td></td><td></td><td></td><td></td><td>办公用品费</td><td></td><td></td></tr>
<tr><td></td><td></td><td></td><td></td><td></td><td></td><td></td><td></td><td></td><td></td><td></td><td></td><td></td><td>不买卧铺补贴</td><td></td><td></td></tr>
<tr><td></td><td></td><td></td><td></td><td></td><td></td><td></td><td></td><td></td><td></td><td></td><td></td><td></td><td>其 他</td><td></td><td></td></tr>
<tr><td colspan="9">合 计</td><td></td><td>2736.00</td><td></td><td></td><td></td><td></td><td></td></tr>
<tr><td rowspan="2" colspan="2">报销总额</td><td colspan="8">人民币 ￥2736.00</td><td rowspan="2">预借差旅费</td><td rowspan="2" colspan="2">￥</td><td>补领金额</td><td colspan="2">￥</td></tr>
<tr><td colspan="8">（大写）⊗贰仟柒佰叁拾陆元整</td><td>退还金额</td><td colspan="2">￥</td></tr>
</table>

附件2张

总经理：孙梦　　财务经理：张书妍　　部门经理：姜宁　　出纳：赵梦　　报销人：李明

10809 综合会计——报销招待费

<table>
<tr><td>经济业务</td><td>报销招待费</td><td>更新时间</td><td></td><td>经济业务摘要</td></tr>
<tr><td>岗　　位</td><td>综合会计</td><td>级　　别</td><td>初级</td><td rowspan="2">王小明报销招待费</td></tr>
<tr><td>工作方式</td><td colspan="3">手工</td></tr>
</table>

经济业务内容

采购部王小明报销招待供应商发生的招待费用，以现金支付。

经济业务处理要求

费用报销业务处理：审核业务招待费用相关原始凭证，分析经济业务，参照业务招待费用报销业务的核算流程，填写费用报销单，根据审核无误的原始单据，运用借贷记账法编制记账凭证，办理现金支付业务，登记相关账簿。

注意业务招待费列支范围、报销标准以及审批程序。

经济业务流程

上海光华汽车毯业有限公司

流程名称：报销招待费业务流程

流程代码：GH11110809

更新时间：2019年12月

风险点：

部门名称：	审批人：	
主责岗位：	会签	
编 辑 人：		

流 程 图	流程描述

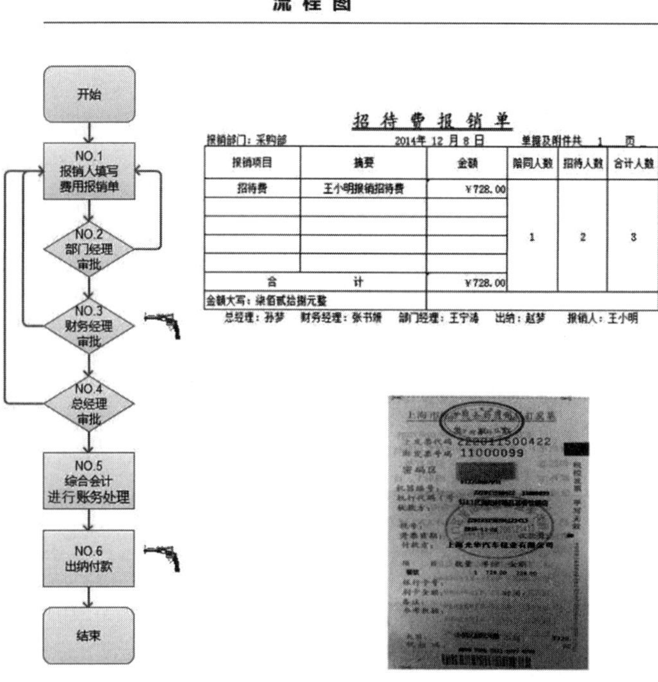

招 待 费 报 销 单

报销部门：采购部　　2014年 12 月 8 日　　单据及附件共 1 页

报销项目	摘要	金额	陪同人数	招待人数	合计人数
招待费	王小明报销招待费	¥728.00	1	2	3
合	计	¥728.00			
金额大写：柒佰贰拾捌元整					

总经理：孙梦　财务经理：张书娥　部门经理：王宁涛　出纳：赵梦　报销人：王小明

NO.1 报销人填写费用报销单（要求：按照报销单内容填写）。

NO.2 部门领导根据报销人实际情况进行审批。

NO.3 风险点管控措施
财务经理根据报销单内容，结合公司相关规定进行审批。

NO.4 总经理对报销单进行审批。

NO.5 综合会计在接到审批通过的报销单后进行相关的账务处理。

NO.6 风险点管控措施
出纳员在进行综合会计账务处理后，对报销单进行付款，同时，对报销单与相关付款凭证进行相应的账务处理。

经济业务证明（外来原始凭证）

编码：J112060-10809

上海市税务局通用机打发票

发票联

发票代码 222011500422

发票号码 11000099

密码区

机器编号：

机打代码（号码）：

收款方：

税号：

开票日期：2019-12-0[illegible]

付款方：上海光华汽车修业有限公司

项目	数量	单价	金额
餐饮	1	728.00	728.00

银行卡号：

刷卡金额： 时间：

备注：

参考数据：

大写： 小写：￥728.00

税控码：

税控发票 手写无效

经济业务证明（自制原始凭证）

编码：J208061-10809

费用报销单

报销部门：采购部　　2019年12月8日　　单据及附件共 1 页

报销项目	摘要	金额	陪同人数	招待人数	合计人数
招待费	王小明报销招待费	¥728.00			
合　计		¥728.00			
金额大写：柒佰贰拾捌元整					

总经理：孙梦　　财务经理：张书妍　　部门经理：王宁涛　　出纳：赵梦　　报销人：王小明

10210 资产会计——支付外包工程款

经济业务	支付外包工程款	更新时间		经济业务摘要
岗　　位	资产会计	级　　别	初级	支付外包建造厂房工程进度款
工作方式	手工			

经济业务内容

公司将一幢厂房的建造工程外包给天宇建筑公司承建，按发包工程进度和合同规定，向天宇建筑公司结算 30% 进度款，已开具转账支票（顺存），收到建筑业统一发票。

经济业务处理要求

支付工程款业务处理：审核天宇建筑公司开具的建筑业统一发票，并据此分析经济业务，根据有关原始单据确认并计量工程进度价款，参照工程进度价款结算业务核算流程，运用借贷记账法编制记账凭证，开具银行转账支票支付工程款，登记相关账簿。

注意工程进度价款核算的特点，正确运用会计科目。

经济业务流程

上海光华汽车毯业有限公司

流程名称：支付工程进度款业务流程

流程代码：GH10610210

更新时间：2019年12月

风险点：

部门名称：	审批人：	
主责岗位：	会签	
编 辑 人：		

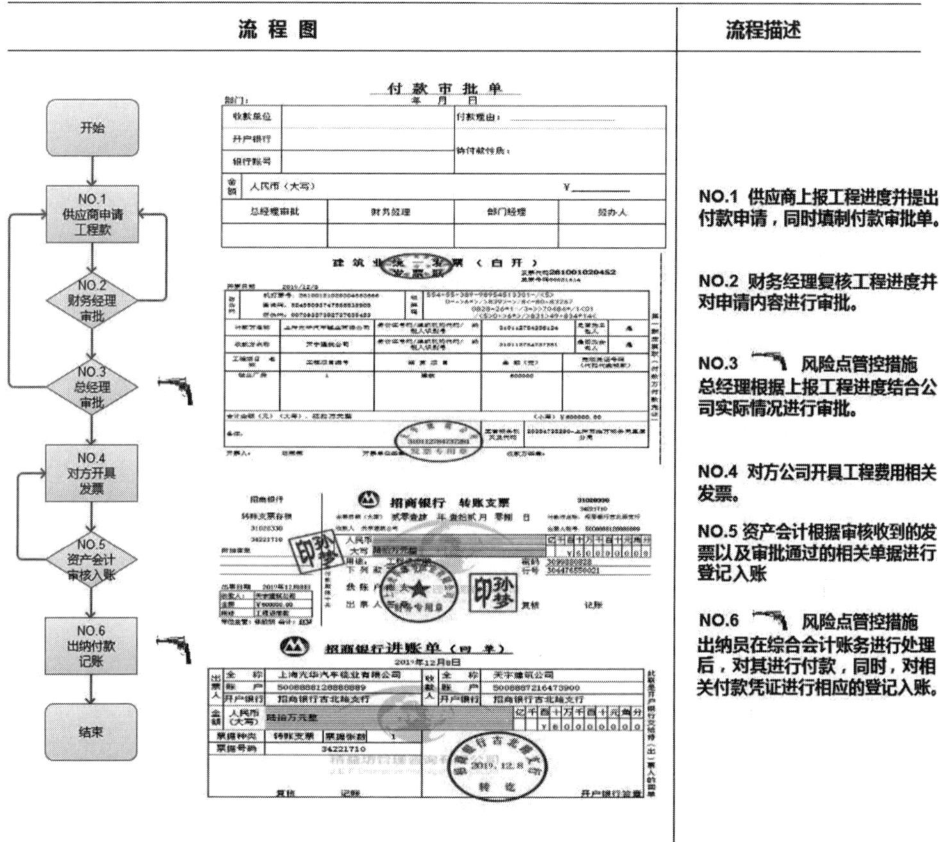

NO.1 供应商上报工程进度并提出付款申请，同时填制付款审批单。

NO.2 财务经理复核工程进度并对申请内容进行审批。

NO.3 风险点管控措施 总经理根据上报工程进度结合公司实际情况进行审批。

NO.4 对方公司开具工程费用相关发票。

NO.5 资产会计根据审核收到的发票以及审批通过的相关单据进行登记入账

NO.6 风险点管控措施 出纳员在综合会计账务进行处理后，对其进行付款，同时，对相关付款凭证进行相应的登记入账。

经济业务证明（外来原始凭证）

编码：J113065-10210

建筑业统一发票（自开）

发票代码　261001020452

开票日期　2019年12月8日　　　发票号码　00021514

<table>
<tr><td>防伪码</td><td colspan="2">机打票号：26100121020304853566
查询码：52485093747585838909
防伪码：00709357392737658483</td><td>税控码</td><td colspan="3">554+55+389-98954513301-/<5>
0-+>6*>/>839>->/8<-80+83267
0828+26*1-/3+>>70484*/1<01
/<5>0+>6*>/>831>49+834*14<</td></tr>
<tr><td>付款方名称</td><td>上海光华汽车毯业有限公司</td><td colspan="2">身份证号码/组织机构代码/纳税人识别号</td><td>310112784356124</td><td>是否为总包人</td><td>是</td></tr>
<tr><td>收款方名称</td><td>天宇建筑公司</td><td colspan="2">身份证号码/组织机构代码/纳税人识别号</td><td>310112784737281</td><td>是否为分包人</td><td>是</td></tr>
<tr><td>工程项目名称</td><td>工程项目编号</td><td colspan="2">结 算 项 目</td><td>金 额（元）</td><td colspan="2">完税凭证号码（代扣代缴税款）</td></tr>
<tr><td>毯业厂房</td><td>1</td><td colspan="2">建筑</td><td>600000.00</td><td colspan="2"></td></tr>
<tr><td colspan="7">合计金额（元）（大写）：⊗陆拾万元整　　　　（小写）￥600000.00</td></tr>
<tr><td colspan="4">备注：
天宇建筑公司 310112784737281 发票专用章</td><td>主管税务机关及代码</td><td colspan="2">20384738290-上海市地方税务局直属分局</td></tr>
</table>

开票人：陈燕燕　　　　开票单位签章：　　　　收款方签章：

第一联：发票联（付款方付款凭证）

经济业务证明（自制原始凭证）

编码：J217066-10210

招商银行

转账支票存根

31020330

附加信息

出票日期 2019年12月8日

收款人：	天宇建筑公司
金额	¥600000.00
用途	工程进度款

单位主管：张欣妍　　会计：赵梦

招商银行　转账支票

31020330

34221710

出票日期（大写）贰零壹玖年壹拾贰月零捌日　　付款行名称：招商银行古北路支行

收款人　天宇建筑公司　　出票人账号：5008888128888889

人民币大写	亿	千	百	十	万	千	百	十	元	角	分
陆拾万元整			¥	6	0	0	0	0	0	0	0

本支票付款期限十天

用途：工程进度款　　密码 3099880828

上列款项请从　　行号 304476550021

我账户内支付

出票人签章：上海光华汽车毯业有限公司 财务专用章　孙梦印　　复核　　记账

编码：J223067-10210

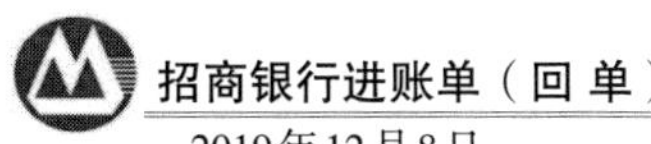

招商银行进账单（回单）

2019年12月8日

<table>
<tr><td rowspan="3">出票人</td><td>全　称</td><td>上海光华汽车毯业有限公司</td><td rowspan="3">收款人</td><td>全　称</td><td colspan="11">天宇建筑公司</td></tr>
<tr><td>账　户</td><td>5008888128888889</td><td>账　户</td><td colspan="11">5008887216473900</td></tr>
<tr><td>开户银行</td><td>招商银行古北路支行</td><td>开户银行</td><td colspan="11">招商银行古北路支行</td></tr>
<tr><td rowspan="2">金额</td><td rowspan="2">人民币（大写）</td><td rowspan="2" colspan="3">陆拾万元整</td><td>亿</td><td>千</td><td>百</td><td>十</td><td>万</td><td>千</td><td>百</td><td>十</td><td>元</td><td>角</td><td>分</td></tr>
<tr><td></td><td></td><td>¥</td><td>6</td><td>0</td><td>0</td><td>0</td><td>0</td><td>0</td><td>0</td><td>0</td></tr>
<tr><td colspan="2">票据种类</td><td>转账支票　票据张数　1</td><td colspan="14" rowspan="3">招商银行古北路支行 转讫
开户银行签章</td></tr>
<tr><td colspan="2">票据号码</td><td>34221710</td></tr>
<tr><td colspan="3">复核　　记账</td></tr>
</table>

此联是开户银行交给持（出）票人的回单

编码：J220068-10210

付款审批单

部门：综合管理部　　2019年12月8日

<table>
<tr><td>收款单位</td><td>天宇建筑公司</td><td colspan="2">付款理由：支付外包工程款</td></tr>
<tr><td>开户银行</td><td>招商银行古北路支行</td><td colspan="2" rowspan="2">待付款性质：现款现货</td></tr>
<tr><td>银行账号</td><td>310312582199214</td></tr>
<tr><td>金额</td><td colspan="3">人民币（大写）：⊗陆拾万元整　　¥600000.00</td></tr>
<tr><td>总经理审批</td><td>财务经理</td><td>部门经理</td><td>经办人</td></tr>
<tr><td>孙梦</td><td>张书妍</td><td>姜宁</td><td>姜宁</td></tr>
</table>

10511 成本会计——购买设备配件

<table>
<tr><td>经济业务</td><td>购买设备配件</td><td>更新时间</td><td></td><td>经济业务摘要</td></tr>
<tr><td>岗　　位</td><td>成本会计</td><td>级　　别</td><td>初级</td><td rowspan="2">购买设备配件</td></tr>
<tr><td>工作方式</td><td colspan="3">手工</td></tr>
</table>

经济业务内容

以电子银行转账方式向上海致远五金机电设备有限公司支付地毯车间购买的设备配件，收到增值税普通发票。

经济业务处理要求

设备维修费业务处理：审核设备维修费用增值税普通发票，并据此分析经济业务，进行设备维修费用的确认及计量。参照设备维修费业务核算流程，根据有关原始单据，运用借贷记账法编制记账凭证，办理电子银行转账手续，支付设备维修费，登记相关账簿。

注意设备维修费的核算特点及费用归属，正确运用会计科目。

经济业务流程

上海光华汽车毯业有限公司

流程名称：支付设备维修费业务流程

流程代码：GH10610511

更新时间：2019年12月

风险点：

部门名称：	审批人：	
主责岗位：	会签	
编 辑 人：		

流程图	流程描述

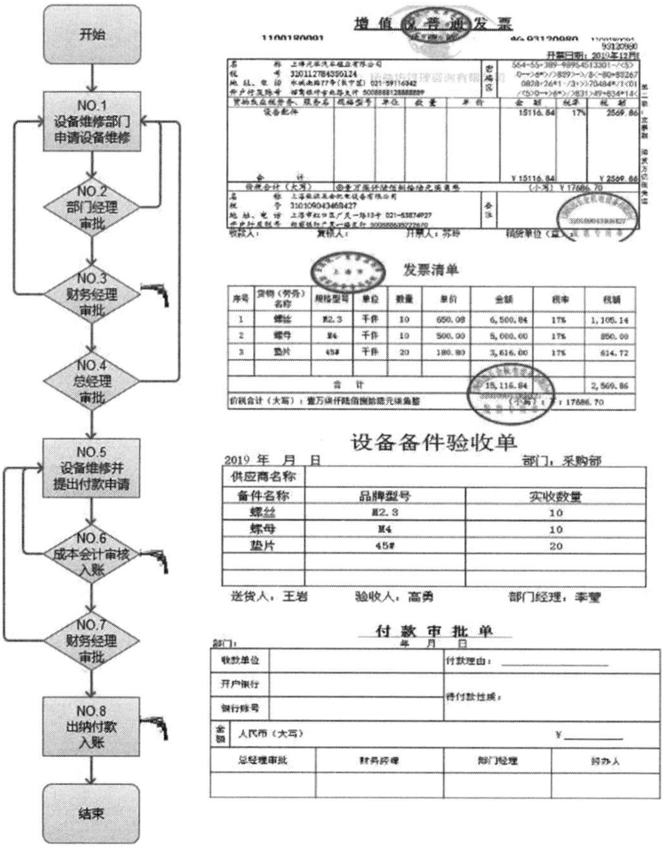

开始 → NO.1 设备维修部门申请设备维修 → NO.2 部门经理审批 → NO.3 财务经理审批 → NO.4 总经理审批 → NO.5 设备维修并提出付款申请 → NO.6 成本会计审核入账 → NO.7 财务经理审批 → NO.8 出纳付款入账 → 结束

增值税普通发票

价税合计（大写） （小写）￥17686.70

开票人：苏玲

发票清单

序号	货物（劳务）名称	规格型号	单位	数量	单价	金额	税率	税额
1	螺丝	M2.3	千件	10	650.08	6,500.84	17%	1,105.14
2	螺母	M4	千件	10	500.00	5,000.00	17%	850.00
3	垫片	45#	千件	20	180.80	3,616.00	17%	614.72
合计						15,116.84		2,569.86
价税合计（大写）：壹万柒仟陆佰捌拾陆元柒角整						（小写）：￥17686.70		

设备备件验收单

2019 年 月 日　　部门：采购部

供应商名称		
备件名称	品牌型号	实收数量
螺丝	M2.3	10
螺母	M4	10
垫片	45#	20

送货人：王岩　　验收人：高勇　　部门经理：李莹

付款审批单

部门：　　年 月 日

收款单位		付款理由：
开户银行		待付款性质：
银行账号		
金额	人民币（大写）	￥

总经理审批	财务经理	部门经理	经办人

NO.1 设备维修部门对需要维修的设备进行维修申请。

NO.2 申请人部门经理根据实际情况进行审批。

NO.3 风险点管控措施
财务经理根据设备账务情况进行审批。

NO.4 总经理对所维修设备进行系统化的分析后酌情受理审批。

NO.5 相关单位对设备进行维修，并提出相关费用的申请。

NO.6 风险点管控措施
成本会计审核收到的发票，并对其设备维修后的相关单据登记入账。

NO.7 财务经理对其相关的单据进行审批。

NO.8 风险点管控措施
出纳对审核通过后的设备维修进行付款，并登记入账。

经济业务证明（外来原始凭证）

编码：J104072-10511

增值税普通发票

发票联

No.93120980

机器编号：

1100180091

开票日期：2019年12月8日

购买方		密码区	
名　　称	上海光华汽车毯业有限公司		554+55+389-98954513301-/<5>
税　　号	310112784356124		0-+>6*>/>839>->/8<-80+83267
地 址、电 话	水城南路77号（长宁区）021-59116342		0828+26*1-/3+>>70484*/1<01
开户行及账号	招商银行古北路支行 5008888128888889		/<5>0-+>6*>/>831>49+834*14<

货物或应税劳务、服务名称	规格型号	单位	数量	单价	金 额	税率	税额
详见清单					15116.84	13%	1965.19
合　计					¥15116.84		¥1965.19
价税合计（大写）	⊗壹万柒仟零捌拾贰元零叁分				（小写）	¥17082.03	

销售方		备注	
名　　称	上海致远五金机电设备有限公司		上海致远五金机电设备有限公司 310109043468427 发票专用章
税　　号	310109043468427		
地 址、电 话	上海市虹口区广灵一路13号 021-53874927		
开户行及账号	招商银行广灵一路支行 500888635222670		

收款人：　　　复核人：　　　开票人：苏玲　　　销货单位（章）：

第二联：发票联购货方记账凭证

发票清单

序号	货物（劳务）名称	规格型号	单位	数量	单价	金额	税率	税额
1	螺丝	M2.3	千件	10	650.08	6500.84	13%	845.11
2	螺母	M4	千件	10	500.00	5000.00	13%	650.00
3	垫片	45#	千件	20	180.80	3616.00	13%	470.08
合　计						15116.84		1965.19
价税合计（大写）：	⊗壹万柒仟零捌拾贰元零叁分					¥17082.03		

上海致远五金机电设备有限公司 310109043468427 发票专用章

设备备件验收单

2019年12月8日　　　　　　　　　　　　　　　　部门：采购部

供应商名称		
备件名称	品牌型号	实收数量
螺丝	M2.3	10
螺母	M4	10
垫片	45#	20

送货人：王岩　　　　验收人：高勇　　　　部门经理：李莹

编码：J108073-10511

电子银行业务回单（付款）

招商银行

交易日期：2019-12-08　　交易流水号：31355201506293827387581129011278

付款人账号：5008888128888889　　收款人账号：500888635222670

付款人名称：上海光华汽车毯业有限公司　　收款人名称：上海致远五金机电设备有限公司

付款人开户行：招商银行古北路支行　　收款人开户行：招商银行广灵一路支行

币种：人民币　金额：（大写）壹万柒仟零捌拾贰元零叁分　　（小写）¥17082.03

银行附言：支付设备配件

客户附言：支付设备配件

渠道：网上银行

记账流水号：558DC2E605344DA0E1h5n789sg3400g21

电子凭证号：9872219904693

招商银行股份有限公司
电子回单专用章

登录号：152436800　　网点编号：1234　　打印状态：正常

客户验证码：80002433703762008a　　柜员号：12341012　　打印方式：自助　　打印日期：2019-12-08　10:39:05

经济业务证明（自制原始凭证）

编码：J220074-10511

付款审批单

部门：设备部　　　　　　　　2019年12月8日

<table>
<tr><td>收款单位</td><td>上海致远五金机电设备有限公司</td><td colspan="2">付款理由：支付购买的设备配件</td></tr>
<tr><td>开户银行</td><td>招商银行广灵一路支行</td><td colspan="2" rowspan="2">待付款性质：现款现货</td></tr>
<tr><td>银行账号</td><td>500888635222670</td></tr>
<tr><td>金额</td><td colspan="3">人民币（大写）：⊗壹万柒仟零捌拾贰元零叁分　　¥ 17082.03</td></tr>
<tr><td>总经理审批</td><td>财务经理</td><td>部门经理</td><td>经办人</td></tr>
<tr><td>孙梦</td><td>张书妍</td><td>吴海娜</td><td>张彩霞</td></tr>
</table>

10812 综合会计——支付邮寄费

<table>
<tr><td>经济业务</td><td>支付邮寄费</td><td>更新时间</td><td></td><td>经济业务摘要</td></tr>
<tr><td>岗　　位</td><td>综合会计</td><td>级　　别</td><td>初级</td><td rowspan="2">支付邮寄费</td></tr>
<tr><td>工作方式</td><td colspan="3">手工</td></tr>
</table>

经济业务内容

以现金支付给顺丰速运有限公司上海市分公司邮寄费，采购部承担全部费用。

经济业务处理要求

费用支付业务处理：审核邮寄费发票，分析经济业务，根据审核无误的原始单据填写费用报销单，参照邮寄费用报销业务的核算流程，运用借贷记账法编制记账凭证，办理现金支付业务，登记相关账簿。

注意费用列支范围、管理费用科目的特点及运用。

经济业务流程

上海光华汽车毯业有限公司

流程名称：报销邮寄费业务流程
流程代码：GH11110812
更新时间：2019年12月
风险点：

部门名称：	审批人：	
主责岗位：	会签	
编 辑 人：		

流 程 图	流程描述

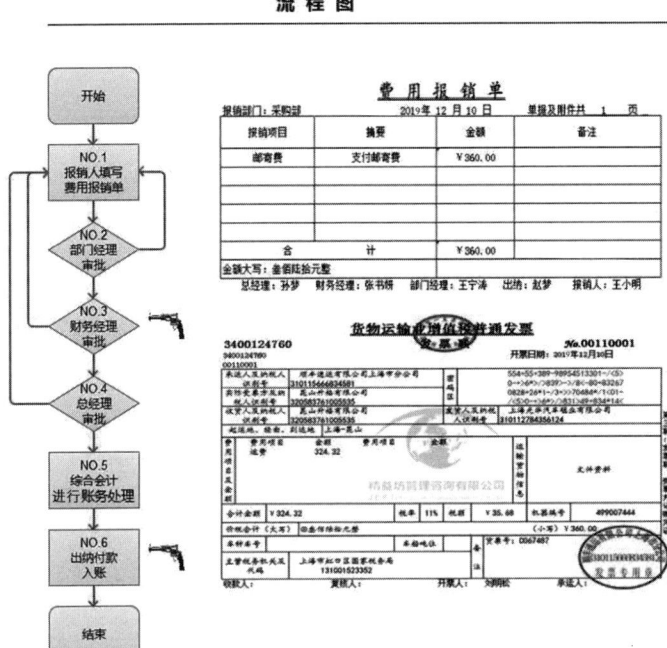

开始 → NO.1 报销人填写费用报销单 → NO.2 部门经理审批 → NO.3 财务经理审批 → NO.4 总经理审批 → NO.5 综合会计进行账务处理 → NO.6 出纳付款入账 → 结束

费用报销单

报销部门：采购部　　2019年 12 月 10 日　　单据及附件共 1 页

报销项目	摘要	金额	备注
邮寄费	支付邮寄费	￥360.00	
合	计	￥360.00	
金额大写：叁佰陆拾元整			

总经理：孙梦　财务经理：张书妍　部门经理：王宁涛　出纳：赵梦　报销人：王小明

货物运输业增值税普通发票

3400124760　　№00110001
3400124760
00110001
开票日期：2019年12月10日

承运人及纳税人识别号	顺丰速运有限公司上海市分公司 310115666834581	密码区	554+55+389-98954513301-/<5> 0-+>6*>/>839>->/8<-80+83267 0828+26*1-/3+>>70484*/1<01- /<5>0-+>6*>/>831>49+834*14<
实际受票方及纳税人识别号	昆山纤维有限公司 320583761005535		
收货人及纳税人识别号	昆山纤维有限公司 320583761005535	发货人及纳税人识别号	上海光华汽车毯业有限公司 310112784356124
起运地、经由、到达地	上海-昆山		
费用项目及金额	费用项目 运费　金额 324.32　费用项目　金额	运输货物信息	文件资料
合计金额	￥324.32　税率 11%　税额 ￥35.68	机器编号	499007444
价税合计（大写）	⊗叁佰陆拾元整	（小写）	￥360.00
车种车号		车船吨位	
主管税务机关及代码	上海市虹口区国家税务局 131001523352	备注	货单号：0067487

收款人：　复核人：　开票人：刘刚松　承运人：

NO.1 报销人根据原始凭证填写费用报销单（要求：按照报销单内容填写）。

NO.2 部门经理根据报销人实际情况进行审批。

NO.3 风险点管控措施
财务经理根据报销单内容，结合公司相关规定进行审批。

NO.4 总经理对报销单进行审批。

NO.5 综合会计在接到审批通过的报销单后进行相关的账务处理。

NO.6 风险点管控措施
出纳员在进行综合会计账务处理后，对报销单进行付款，同时，对报销单与相关付款凭证进行相应的账务处理。

经济业务证明（外来原始凭证）

编码：J115078-10812

货物运输业增值税普通发票

发票联

No.00110001

机器编号：

3400124760

开票日期：2019年12月10日

承运人及纳税人识别号	顺丰速运有限公司上海市分公司 310115666834581	密码区	554+55+389-98954513301-/<5> 0-+>6*>/>839>->/8<-80+83267 0828+26*1-/3+>>70484*/1<01- /<5>0-+>6*>/>831>49+834*14<
实际受票方及纳税人识别号	昆山升格有限公司 320583761005535		
收货人及纳税人识别号	昆山升格有限公司 320583761005535	发货人及纳税人识别号	上海光华汽车毯业有限公司 310112784356124
起运地、经由、到达地	上海—昆山		
费用项目及金额	费用项目 金额 费用项目 金额 运费 324.32	运输货物信息	文件资料

合计金额	¥324.32	税率	9%	税额	¥29.19	机器编号	499007444
价税合计（大写）	⊗叁佰伍拾叁元伍角壹分				（小写）	¥353.51	
车种车号		车船吨位		备注	货票号：C067487		
主营税务机关及代码	上海市虹口区国家税务局 131001523352						

收款人：　　复核人：　　开票人：刘明松　　承运人：

第三联：发票联受票方记账凭证

顺丰速运有限公司上海市分公司 310115666834581 发票专用章

经济业务证明（自制原始凭证）

编码：J208079-10812

费用报销单

报销部门：采购部　　2019年12月10日　　单据及附件共 1 页

报销项目	摘要	金额	陪同人数	招待人数	合计人数
邮寄费	支付邮寄费	¥353.51			
合　　计		¥353.51			
金额大写：⊗叁佰伍拾叁元伍角壹分					

总经理：孙梦　　财务经理：张书妍　　部门经理：王宁涛　　出纳：赵梦　　报销人：王小明

10613 税务会计——缴纳增值税

<table>
<tr><td>经济业务</td><td>缴纳增值税</td><td>更新时间</td><td></td><td>经济业务摘要</td></tr>
<tr><td>岗　　位</td><td>税务会计</td><td>级　　别</td><td>初级</td><td rowspan="2">缴纳 11 月增值税</td></tr>
<tr><td>工作方式</td><td colspan="3">手工</td></tr>
</table>

经济业务内容

缴纳未交增值税，以电子银行转账支付。

经济业务内容

缴纳增值税业务处理：在网上申报11月增值税缴纳业务，审核开户银行开具的电子缴税付款凭证及电子银行业务回单（付款），分析经济业务，进行增值税的确认及计量，根据审核无误的原始单据，参照缴纳增值税业务核算的流程，运用借贷记账法编制记账凭证，登记相关账簿。

注意网上报税的手续及凭单，正确运用会计科目。

经济业务流程

上海光华汽车毯业有限公司

流程名称：缴纳税费业务流程

流程代码：GH12010613

更新时间：2019年12月

风险点：

部门名称：	审批人：	
主责岗位：	会签	
编 辑 人：		

流 程 图	流程描述

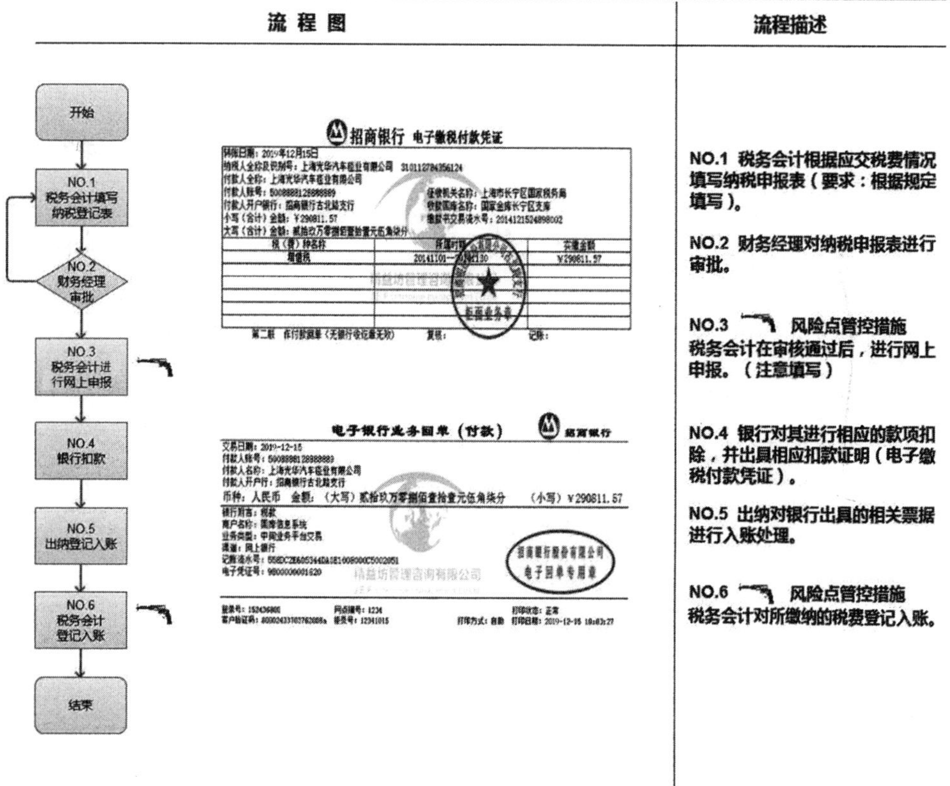

招商银行 电子缴税付款凭证

转账日期：2019年12月15日
纳税人全称及识别号：上海光华汽车毯业有限公司 310112784356124
付款人全称：上海光华汽车毯业有限公司
付款人账号：5008888128888889
付款人开户银行：招商银行古北路支行
小写（合计）金额：¥290811.57
大写（合计）金额：贰拾玖万零捌佰壹拾壹元伍角柒分
征收机关名称：上海市长宁区国家税务局
收款国库名称：国家金库长宁区支库
缴款书交易流水号：2014121524898002

税（费）种名称	所属时期	实缴金额
增值税	20141101—20141130	¥290811.57

第二联 作付款回单（无银行收讫章无效） 复核： 记账：

电子银行业务回单（付款） 招商银行

交易日期：2019-12-15
付款人账号：5008888128888889
付款人名称：上海光华汽车毯业有限公司
付款人开户行：招商银行古北路支行
币种：人民币 金额：（大写）贰拾玖万零捌佰壹拾壹元伍角柒分 （小写）¥290811.57
银行附言：税款
商户名称：国库信息系统
业务类型：中间业务平台交易
渠道：网上银行
记账流水号：558DC2E605344DA1E1008000C5002051
电子凭证号：9800006001620

招商银行股份有限公司 电子回单专用章

登录号：152436800 网点编号：1234 打印状态：正常
客户验证码：8000243370276208a 柜员号：12341015 打印方式：自助 打印日期：2019-12-15 10:03:27

NO.1 税务会计根据应交税费情况填写纳税申报表（要求：根据规定填写）。

NO.2 财务经理对纳税申报表进行审批。

NO.3 风险点管控措施
税务会计在审核通过后，进行网上申报。（注意填写）

NO.4 银行对其进行相应的款项扣除，并出具相应扣款证明（电子缴税付款凭证）。

NO.5 出纳对银行出具的相关票据进行入账处理。

NO.6 风险点管控措施
税务会计对所缴纳的税费登记入账。

经济业务证明（外来原始凭证）

编码：J118083-10613

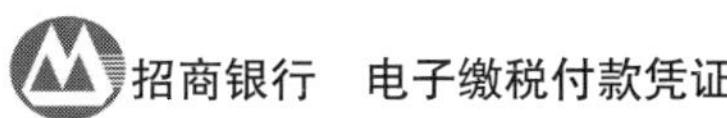

转账日期：2019年12月15日
纳税人全称及识别号：上海光华汽车毯业有限公司 310112784356124
付款人全称：上海光华汽车毯业有限公司
付款人账号：5008888128888889　　征收机关名称：上海市长宁区国家税务局
付款人开户银行：招商银行古北路支行　　收款国库名称：国家金库长宁区支库
小写（合计）金额：¥290811.57　　缴款书交易流水号：2014121524898002
大写（合计）金额：贰拾玖万零捌佰壹拾壹元伍角柒分

税（费）种名称	所属时期	实缴金额
增值税	20191101--20191130	¥290811.57

招商银行股份有限公司古北路支行 柜面业务章

第二联　作付款回单（无银行收讫章无效）　　复核：　　记账：

编码：J108084-10613

电子银行业务回单（付款）

交易日期：2019-12-15
付款人账号：5008888128888889
付款人名称：上海光华汽车毯业有限公司
付款人开户行：招商银行古北路支行
币种：人民币　金额：（大写）贰拾玖万零捌佰壹拾壹元伍角柒分　　（小写）¥290811.57
银行附言：税款
商户名称：国库信息系统
业务类型：中间业务平台交易
渠道：网上银行
记账流水号：558DC2E605344DA0E1008000C5002051
电子凭证号：9800000001620

招商银行股份有限公司 电子回单专用章

登录号：152436800　　网点编号：1234　　打印状态：正常
客户验证码：80002433703762008a　　柜员号：12341015　　打印方式：自助　　打印日期：2019-12-15　10:03:27

10514 成本会计——支付车间电费及水费

<table>
<tr><td>经济业务</td><td>支付车间电费及水费</td><td>更新时间</td><td></td><td>经济业务摘要</td></tr>
<tr><td>岗　　位</td><td>成本会计</td><td>级　　别</td><td>初级</td><td rowspan="2">支付车间电费及水费</td></tr>
<tr><td>工作方式</td><td colspan="3">手工</td></tr>
</table>

经济业务内容

支付车间水电费，均已收到发票，并以电子银行转账支付完毕。

经济业务处理要求

水电费用支付业务处理：审核水电费用发票及电子银行业务回单（付款），分析经济业务，进行费用确认及计量，根据审核无误的原始单据，参照水电费用支付业务的核算流程，运用借贷记账法编制记账凭证，登记相关账簿。

注意生产车间发生的水电费用归属，正确运用会计科目。

经济业务流程

上海光华汽车毯业有限公司

流程名称：支付水电费业务流程

流程代码：GH10610514

更新时间：2019年12月

风险点：

部门名称：	审批人：	
主责岗位：	会签	
编 辑 人：		

流 程 图	流程描述

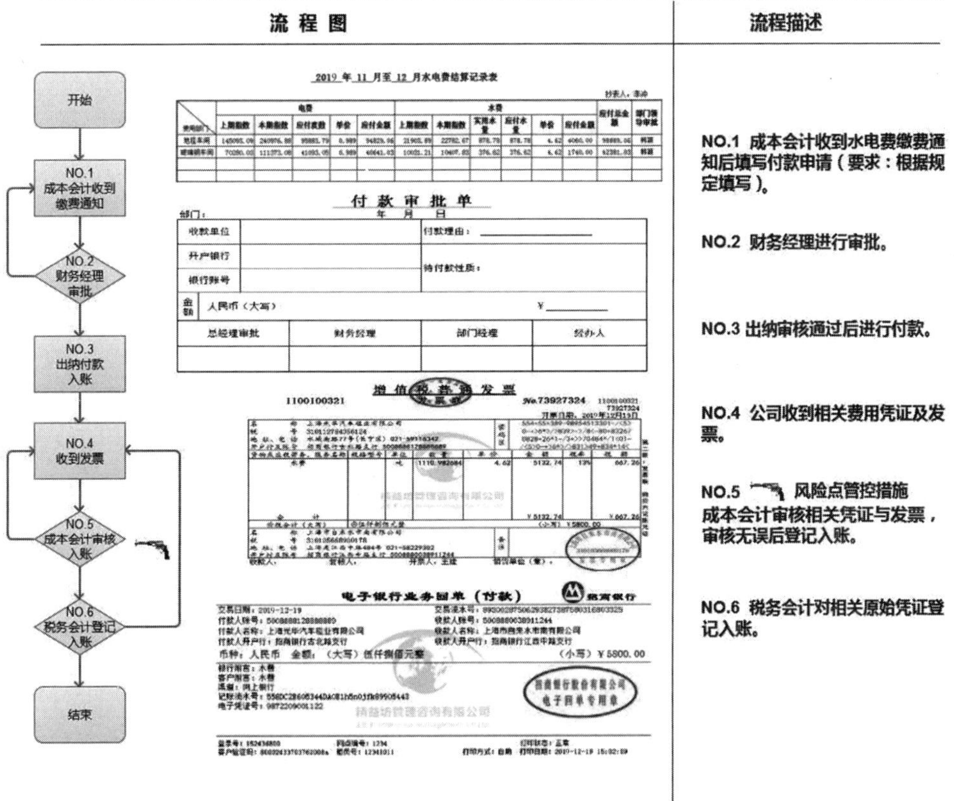

2019 年 11 月至 12 月水电费结算记录表

抄表人：李玲

使用部门	电费					水费						应付总金额	部门领导审批
	上期指数	本期指数	应付度数	单价	应付金额	上期指数	本期指数	实用水量	应付水量	单价	应付金额		
地毯车间	145095.09	240976.88	95883.79	0.989	94829.06	21903.89	22782.67	878.78	878.78	4.62	4060.00	98889.06	[illegible]
玻璃钢车间	70280.03	111373.08	41093.05	0.989	40641.03	10021.21	10407.83	376.62	376.62	4.62	1740.00	42381.03	[illegible]

付 款 审 批 单

部门： 年 月 日

收款单位		付款理由：
开户银行		待付款性质：
银行账号		
金额	人民币（大写）	¥

总经理审批	财务经理	部门经理	经办人

增值税专用发票

1100100321 No.73927324

开票日期：2019年12月19日

水费 吨 1110.982684 4.62 5132.74 13% 667.26

合 计 ¥5132.74 ¥667.26

价税合计（大写） 伍仟捌佰元整 （小写）¥5800.00

收款人： 复核人： 开票人：王建 销售单位（章）：

电子银行业务回单（付款） 招商银行

交易日期：2019-12-19 交易流水号：89300287506293827387590316803325

付款人账号：500888812888889 收款人账号：500888003891124

付款人名称：上海光华汽车毯业有限公司 收款人名称：上海市自来水市南有限公司

付款人开户行：招商银行古北路支行 收款人开户行：招商银行江西中路支行

币种：人民币 金额：（大写）伍仟捌佰元整 （小写）¥5800.00

银行附言：水费

客户附言：水费

渠道：网上银行

记账流水号：556DC28608344DA081h5n03fk89908443

电子凭证号：9872209001122

招商银行股份有限公司 电子回单专用章

登录号：152434800 网点编号：1234 打印状态：正常

客户验证码：800324337037620084 柜员号：12341011 打印方式：自助 打印日期：2019-12-19 15:02:59

NO.1 成本会计收到水电费缴费通知后填写付款申请（要求：根据规定填写）。

NO.2 财务经理进行审批。

NO.3 出纳审核通过后进行付款。

NO.4 公司收到相关费用凭证及发票。

NO.5 风险点管控措施

成本会计审核相关凭证与发票，审核无误后登记入账。

NO.6 税务会计对相关原始凭证登记入账。

经济业务证明（外来原始凭证）

编码：J105088-10514

增值税专用发票

发票联

No.80021734

机器编号：
1100122761

开票日期：2019年12月19日

名称	上海光华汽车毯业有限公司			密码区	554+55+389-98954513301-/<5>		
税号	310112784356124				0-+>6*>/>839>->/8<-80+83267		
地址、电话	水城南路77号（长宁区）021-59116342				0828+26*1-/3+>>70484*/1<01-		
开户行及账号	招商银行古北路支行 5008888128888889				/<5>0-+>6*>/>831>49+834*14<		
货物或应税劳务、服务名称	规格型号	单位	数量	单价	金额	税率	税额
电费		KWH	136976.84	0.989	135470.09	13%	17611.11
合计					¥135470.09		¥17611.11
价税合计（大写）	⊗壹拾伍万叁仟零捌拾壹元贰角整				（小写） ¥153081.20		
名称	上海长宁区供电局			备注			
税号	310105704511201						
地址、电话	上海市长宁区水城北路33号 021-59711233						
开户行及账号	招商银行青浦路支行 5008889997211052						

第三联：发票联 购货方记账凭证

（印章：上海长宁区供电局 310105704511201 发票专用章）

收款人：　　复核人：　　开票人：刘畅　　销货单位（章）：

编码：J104089-10514

No.73927324

机器编号：
1100100321

开票日期：2019年12月19日

| 购买方 | 名　称：上海光华汽车毯业有限公司
税　号：310112784356124
地址、电话：水城南路77号（长宁区）021-59116342
开户行及账号：招商银行古北路支行 5008888128888889 | 密码区 | 554+55+389-98954513301-/<5>
0-+>6*>/>839>->/8<-80+83267
0828+26*1-/3+>>70484*/1<01-
/<5>0-+>6*>/>831>49+834*14< |

货物或应税劳务、服务名称	规格型号	单位	数量	单价	金额	税率	税额
水费		吨	1110.982684	4.62	5132.74	3%	153.98
合　计					¥5132.74		¥153.98
价税合计（大写）	⊗伍仟贰佰捌拾陆元柒角贰分				（小写）¥5286.72		

| 销售方 | 名　称：上海市自来水市南有限公司
税　号：310105668900178
地址、电话：上海市江西中路484号 021-58229302
开户行及账号：招商银行江西中路支行 5008880038911244 | 备注 | 上海市自来水市南有限公司
310105668900178
发票专用章 |

收款人：　　复核人：　　开票人：王建　　销货单位（章）：

第二联：发票联　购货方记账凭证

编码：J108090-10514

电子银行业务回单（付款）　　招商银行

交易日期：2018-12-19　　交易流水号：31355201506293827387581190013920

付款人账号：5008888128888889　　收款人账号：5008889997211052

付款人名称：上海光华汽车毯业有限公司　　收款人名称：上海长宁区供电局

付款人开户行：招商银行古北路支行　　收款人开户行：招商银行青浦路支行

币种：人民币　金额：（大写）壹拾伍万叁仟零捌拾壹元贰角整　　¥153081.20

银行附言：电费
客户附言：电费
渠道：网上银行
记账流水号：558DC2E605344DA0E1h5njf9008239604
电子凭证号：9872093900210

招商银行股份有限公司
电子回单专用章

登录号：152436800　　网点编号：1234　　打印状态：正常

客户验证码：80002433703762008a　　柜员号：12341003　　打印方式：自助　　打印日期：2019-12-19 11:40:23

编码：J108091-10514

电子银行业务回单（付款） 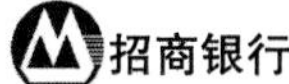

交易日期：2019-12-19　交易流水号：89300287506293827387580316803325

付款人账号：5008888128888889　收款人账号：5008880038911244

付款人名称：上海光华汽车毯业有限公司　收款人名称：上海市自来水市南有限公司

付款人开户行：招商银行古北路支行　收款人开户行：招商银行江西中路支行

币种：人民币　金额：（大写）伍仟贰佰捌拾陆元柒角贰分　¥5286.72

银行附言：水费

客户附言：水费

渠道：网上银行

记账流水号：558DC2E605344DA0E1h5n0jfk89905443

电子凭证号：9872209001122

招商银行股份有限公司 电子回单专用章

登录号：152436800　网点编号：1234　打印状态：正常

客户验证码：80002433703762008a　柜员号：12341011　打印方式：自助　打印日期：2019-12-19 15:02:09

经济业务证明（自制原始凭证）

编码：J224092-10514

2019年11月至12月水电费结算记录表

使用部门	电费					水费					
	上期指数	本期指数	应付度数	单价	应付金额	上期指数	本期指数	实用水量	应付水量	单价	应付金额
地毯车间	145093.09	240976.88	95883.79	0.989	94829.07	21903.89	22782.67	878.78	878.78	4.76	4181.76
玻璃钢车间	70280.03	111373.08	41093.05	0.989	40641.03	10031.21	10407.83	376.62	232.20	4.76	1104.96
合计	215373.12	352349.96	136976.84		135470.09	31935.10	33190.50	1255.40	1110.98		5286.72

制表人：王曼

编码：J220093-10514

付款审批单

部门：财务部　　　　2019年12月19日

收款单位	上海长宁区供电局	付款理由：支付电费	
开户银行	招商银行青浦路支行	待付款性质：现款现货	
银行账号	5008889997211052		
金额	人民币（大写）：⊗壹拾伍万叁仟零捌拾壹元贰角整	¥153081.20	
总经理审批	财务经理	部门经理	经办人
孙梦	张书妍	王宁涛	赵梦

编码：J220094-10514

付款审批单

部门：财务部　　　　2019年12月19日

收款单位	上海市自来水市南有限公司	付款理由：支付水费	
开户银行	招商银行江西中路支行	待付款性质：现款现货	
银行账号	5008880038911244		
金额	人民币（大写）：⊗伍仟贰佰捌拾陆元柒角贰分	¥5286.72	
总经理审批	财务经理	部门经理	经办人
孙梦	张书妍	王宁涛	赵梦

10715 出纳员——支付借款利息

经济业务	支付借款利息	更新时间		经济业务摘要
岗　　位	出纳员	级　　别	初级	支付借款利息
工作方式	手工			

经济业务内容

计提当月短期借款利息，并以电子银行转账支付（款项系2019年8月12日借入）。

经济业务处理要求

借款利息支付业务处理：审核银行转来的借款利息“电子银行业务回单（利息）”，分析经济业务，进行借款利息的确认及计量，根据审核无误的原始单据，参照借款利息支付业务的核算流程，运用借贷记账法编制记账凭证，登记相关账簿。

注意借款利息的费用归属，正确运用会计科目。

经济业务流程

上海光华汽车毯业有限公司

流程名称：支付借款利息业务流程

流程代码：GH10610715

更新时间：2019年12月

风险点：

部门名称：	审批人：	
主责岗位：	会签	
编 辑 人：		

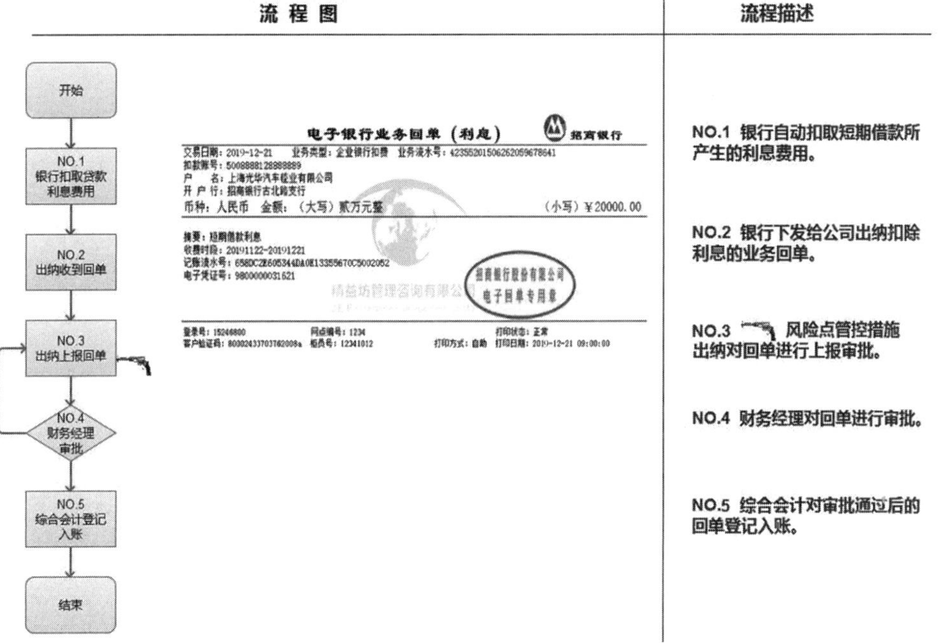

电子银行业务回单（利息） 招商银行

交易日期：2019-12-21 业务类型：企业银行扣费 业务流水号：42355201506262059678641

扣款账号：500888812888889

户 名：上海光华汽车毯业有限公司

开 户 行：招商银行古北路支行

币种：人民币 金额：（大写）贰万元整 （小写）¥20000.00

摘要：短期借款利息

收费时段：20191122-20191221

记账流水号：658DC2E605344DA0E13355670C5002052

电子凭证号：9800000031621

招商银行股份有限公司 电子回单专用章

登录号：15246800 网点编号：1234 打印状态：正常

客户验证码：80002433703762008a 柜员号：12341012 打印方式：自助 打印日期：2019-12-21 09:00:00

NO.1 银行自动扣取短期借款所产生的利息费用。

NO.2 银行下发给公司出纳扣除利息的业务回单。

NO.3 风险点管控措施出纳对回单进行上报审批。

NO.4 财务经理对回单进行审批。

NO.5 综合会计对审批通过后的回单登记入账。

经济业务证明（外来原始凭证）

编码：J119101-10715

电子银行业务回单（利息） 招商银行

交易日期：2019-12-21　业务类型：企业银行扣费　业务流水号：42355201506262059678641

扣款账号：5008888128888889

户　　名：上海光华汽车毯业有限公司

开 户 行：招商银行古北路支行

币种：人民币　金额：（大写）贰万元整　（小写）¥ 20000.00

摘要：短期借款利息

收费时段：20191122-20191221

记账流水号：658DC2E605344DA0E13355670C5002052

电子凭证号：9800000031621

招商银行股份有限公司
电子回单专用章

登录号：15246800　网点编号：1234　打印状态：正常

客户验证码：80002433703762008a　柜员号：12341012　打印方式：自助　打印日期：2019-12-21 09:00:00

10816 综合会计——支付通信费

<table>
<tr><td>经济业务</td><td>支付通信费</td><td>更新时间</td><td></td><td>经济业务摘要</td></tr>
<tr><td>岗　　位</td><td>综合会计</td><td>级　　别</td><td>初级</td><td rowspan="2">支付通信费</td></tr>
<tr><td>工作方式</td><td colspan="3">手工</td></tr>
</table>

经济业务内容

以电子银行转账支付中国移动有限公司上海市分公司电话通信费。

经济业务处理要求

电话通信支付业务处理：审核通信费增值税普通发票及电子银行业务回单（付款），分析经济业务，进行电话通信费用的确认及计量，根据审核无误的原始单据，参照电话通信支付业务核算的流程，运用借贷记账法编制记账凭证，登记相关账簿。

注意区分通信费用的发生部门，明确管理费用和销售费用的列支范围，正确运用会计科目。

经济业务证明（外来原始凭证）

上海光华汽车毯业有限公司

流程名称：支付通信费业务流程
流程代码：GH10610716
更新时间：2019年12月
风险点：

部门名称：	审批人：	
主责岗位：	会签	
编 辑 人：		

流 程 图	流程描述

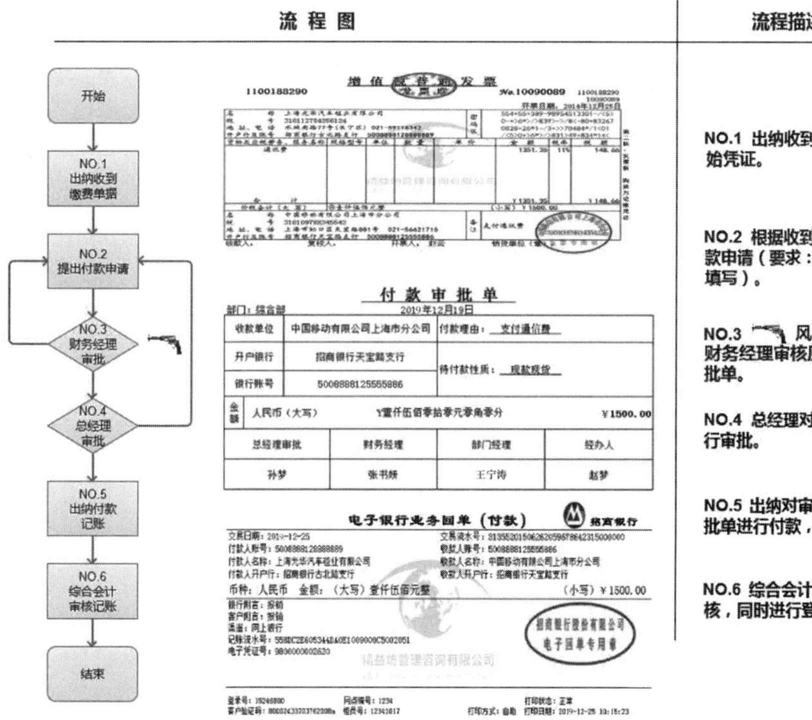

增值税专用发票

1100188290 No.10090089 开票日期：2019年12月25日

价税合计（大写） （小写）¥1500.00

付 款 审 批 单

部门：综合部 2019年12月19日

收款单位	中国移动有限公司上海市分公司	付款理由：支付通信费	
开户银行	招商银行天宝路支行	待付款性质：现款现货	
银行账号	5006888125555886		
金额	人民币（大写） Y壹仟伍佰零拾零元零角零分		¥1500.00
总经理审批	财务经理	部门经理	经办人
孙梦	张书娇	王宁涛	赵梦

电子银行业务回单（付款） 招商银行

交易日期：2019-12-25
交易流水号：31355201506262059678642315000000
付款人账号：5006888128888889
收款人账号：5006888125555886
付款人名称：上海光华汽车毯业有限公司
收款人名称：中国移动有限公司上海市分公司
付款人开户行：招商银行古北路支行
收款人开户行：招商银行天宝路支行
币种：人民币 金额：（大写）壹仟伍佰元整 （小写）¥1500.00
银行附言：报销
客户附言：报销
渠道：网上银行
记账流水号：558DC2E6053448A0E1009000C5002051
电子凭证号：9800000802620

招商银行股份有限公司 电子回单专用章

登录号：15246880 网点编号：1234 打印状态：正常
客户验证码：8000243332037623086 柜员号：12341017 打印方式：自助 打印日期：2019-12-25 10:15:23

NO.1 出纳收到缴纳通信费用的原始凭证。

NO.2 根据收到的原始凭证填制付款申请（要求：按照付款申请内容填写）。

NO.3 风险点管控措施
财务经理审核原始凭证及付款审批单。

NO.4 总经理对上报的相关单据进行审批。

NO.5 出纳对审批通过后的付款审批单进行付款，并登记相关账目。

NO.6 综合会计对原始凭证进行审核，同时进行登记入账处理。

经济业务证明（外来原始凭证）

编码：J108105-10816

电子银行业务回单（付款）

交易日期：2019-12-25	交易流水号：31355201506262059678642315000000
付款人账号：5008888128888889	收款人账号：5008888125555886
付款人名称：上海光华汽车毯业有限公司	收款人名称：中国移动有限公司上海市分公司
付款人开户行：招商银行古北路支行	收款人开户行：招商银行天宝路支行
币种：人民币　金额：（大写）壹仟肆佰叁拾贰元肆角叁分	（小写）￥1432.43

银行附言：报销

客户附言：报销

渠道：网上银行

记账流水号：558DC2E605344DA0E1009000C5002051

电子凭证号：9800000002620

招商银行股份有限公司 电子回单专用章

登录号：15246800	网点编号：1234		打印状态：正常
客户验证码：80002433703762008a	柜员号：12341017	打印方式：自助	打印日期：2019-12-25 10:15:23

编码：J104106-10816

增值税普通发票

发票联

No.10090089

机器编号：1100188290

开票日期：2019年12月25日

购买方		密码区
名　　称	上海光华汽车毯业有限公司	554+55+389-98954513301-/<5>
税　　号	310112784356124	0-+>6*>/>839>->/8<-80+83267
地 址、电 话	水城南路77号（长宁区）021-59116342	0828+26*1-/3+>>70484*/1<01
开户行及账号	招商银行古北路支行 5008888128888889	/<5>0+>6*>/>831>49+834*14<

货物或应税劳务、服务名称	规格型号	单位	数量	单价	金 额	税率	税额
通信费			1	1351.35	1351.35	6%	81.08
合　计					￥1351.35		￥81.08
价税合计（大写）	⊗壹仟肆佰叁拾贰元肆角叁分				（小写）	￥1432.43	

销售方		备注
名　　称	中国移动有限公司上海市分公司	支付通信费
税　　号	310109788345542	中国移动有限公司上海市分公司 310109788345542 发票专用章
地 址、电 话	上海市虹口区天宝路881号 021-56621715	
开户行及账号	招商银行天宝路支行 5008888125555886	

第二联：发票联 购货方记账凭证

收款人：　　复核人：　　开票人：赵云　　销货单位（章）：

经济业务证明（自制原始凭证）

付款审批单

部门：综合部　　　　2019年12月19日

<table>
<tr><td>收款单位</td><td colspan="2">中国移动有限公司上海分公司</td><td colspan="2">付款理由：支付通信费</td></tr>
<tr><td>开户银行</td><td colspan="2">招商银行江西中路支行</td><td colspan="2" rowspan="2">待付款性质：现款现货</td></tr>
<tr><td>银行账号</td><td colspan="2">5008888125555886</td></tr>
<tr><td>金额</td><td colspan="4">人民币（大写）：⊗壹仟肆佰叁拾贰元肆角叁分　　¥1432.43</td></tr>
<tr><td colspan="2">总经理审批</td><td>财务经理</td><td>部门经理</td><td>经办人</td></tr>
<tr><td colspan="2">孙梦</td><td>张书妍</td><td>王宁涛</td><td>赵梦</td></tr>
</table>

10417 薪酬会计——计提12月份工资

<table>
<tr><td>经济业务</td><td>计提12月份工资</td><td>更新时间</td><td></td><td>经济业务摘要</td></tr>
<tr><td>岗　　位</td><td>薪酬会计</td><td>级　　别</td><td>初级</td><td rowspan="2">计提12月份工资</td></tr>
<tr><td>工作方式</td><td colspan="3">手工</td></tr>
</table>

经济业务内容

计提12月份工资400200元（不考虑个人所得税）。具体工资明细如下：

地毯车间生产工人工资190530元；

玻璃钢车间生产工人工资87370元；

地毯车间管理人员工资7600元；

玻璃钢车间管理人员工资8400元；

厂部行政管理人员工资62300元；

销售推广人员工资44000元。

经济业务处理要求

职工薪酬业务处理：审核职工薪酬计算单，分析经济业务，进行职工薪酬费用的确认及计量，依据审核无误的原始单据，遵循职工薪酬归集与分配的会计处理原则，参照职工薪酬业务处理流程，运用借贷记账法编制记账凭证，登记相关账簿。

注意区分职工薪酬费用发生部门及不同人员，正确运用会计科目。

经济业务流程

上海光华汽车毯业有限公司

流程名称：计提工资业务流程

流程代码：GH12410417

更新时间：2019年12月

风险点：

部门名称：	审批人：	
主责岗位：	会签	
编 辑 人：		

流 程 图	流程描述

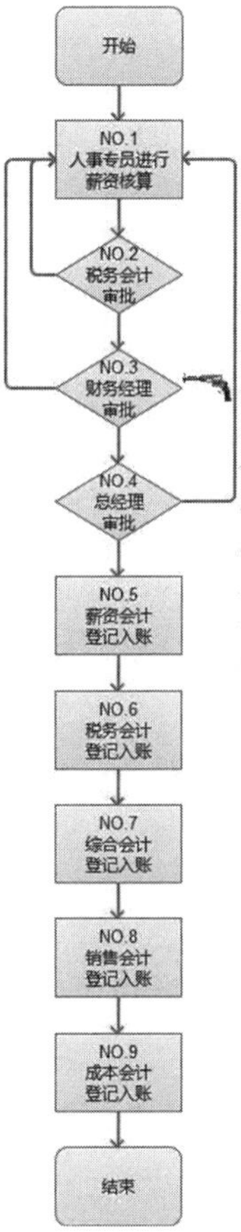

开始

NO.1 人事专员进行薪资核算

NO.2 税务会计审批

NO.3 财务经理审批

NO.4 总经理审批

NO.5 薪资会计登记入账

NO.6 税务会计登记入账

NO.7 综合会计登记入账

NO.8 销售会计登记入账

NO.9 成本会计登记入账

结束

年 月份工资支付明细表

姓名	应得工资														累计应得工资	扣款			实领工资
	基本工资	奖金	补贴	加班费	洗理费	交通费	独生子女	误餐费	寒冷补贴	地区补贴	职称	技能	工龄工资	岗位		养老金	病、事	住房基金	

负责人： 审核： 制表：

NO.1 人事专员根据各项考核指标核算员工薪资，并编制员工工资表单。

NO.2 税务会计对工资表的准确性进行专业审核。

NO.3 风险点管控措施

财务经理对工资表的内容进行专业、系统的审批。

NO.4 总经理对上报的工资表进行审批。

NO.5 薪资会计对工资表进行相关账目的登记入账。

NO.6 税务会计对工资表进行相关账目的登记入账。

NO.7 综合会计对工资表进行相关账目的登记入账。

NO.8 销售会计对工资表进行相关账目的登记入账。

NO.9 成本会计对工资表进行相关账目的登记入账。

经济业务证明（自制原始凭证）

编码：J201111-10417

12月份职工薪酬表

人员编码	人员姓名	所在部门	人员类别	基本工资	季度奖金月分配额	应付工资	应发合计	实发合计	养老保险	住房公积金	失业保险	医疗保险	扣保险与公积金合计	缺勤扣款	本次代扣税	扣款合计
001	张书妍	财务部	财务经理	4000.00	200.00	4200.00	4200.00	4200.00								
002	赵　梦	财务部	出纳员	3700.00	100.00	3800.00	3800.00	3800.00								
003	南翔云	财务部	销售会计	3700.00	100.00	3800.00	3800.00	3800.00								
004	郭树林	财务部	材料会计	3700.00	100.00	3800.00	3800.00	3800.00								
005	米晓曼	财务部	成本会计	3700.00	100.00	3800.00	3800.00	3800.00								
006	张金华	财务部	薪酬会计	3700.00	100.00	3800.00	3800.00	3800.00								
007	张清洋	财务部	资产会计	3600.00	100.00	3700.00	3700.00	3700.00								
008	刘新妃	财务部	税务会计	3600.00	100.00	3700.00	3700.00	3700.00								
009	刘羽昶	财务部	综合会计	3600.00	100.00	3700.00	3700.00	3700.00								
010	王宁涛	仓储部	职员	3800.00	200.00	4000.00	4000.00	4000.00								
011	董　良	采购部	经理	4200.00	200.00	4400.00	4400.00	4400.00								
012	王小明	采购部	职员	3800.00	200.00	4000.00	4000.00	4000.00								
013	杜成静	质保部	经理	3700.00	200.00	3900.00	3900.00	3900.00								
014	潘　红	质保部	职员	3700.00	200.00	3900.00	3900.00	3900.00								
015	王　川	总经办	职员	3700.00	200.00	3900.00	3900.00	3900.00								
016	姜　宁	综合管理部	经理	3700.00	200.00	3900.00	3900.00	3900.00								
017	唐　军	销售部	经理	8500.00	500.00	9000.00	9000.00	9000.00								

续表

人员编码	人员姓名	所在部门	人员类别	基本工资	季度奖金月分配额	应付工资	应发合计	实发合计	养老保险	住房公积金	失业保险	医疗保险	扣保险与公积金合计	缺勤扣款	本次代扣税	扣款合计
018	赵　亮	销售部	职员	6500.00	500.00	7000.00	7000.00	7000.00								
019	王世军	销售部	职员	6500.00	500.00	7000.00	7000.00	7000.00								
020	张　艳	销售部	职员	6500.00	500.00	7000.00	7000.00	7000.00								
021	吴海娜	设备部	经理	6500.00	500.00	7000.00	7000.00	7000.00								
022	张彩霞	设备部	职员	6500.00	500.00	7000.00	7000.00	7000.00								
023	周　涛	地毯车间	车间主任	7200.00	400.00	7600.00	7600.00	7600.00								
024	徐明辉	玻璃钢车间	车间主任	8000.00	400.00	8400.00	8400.00	8400.00								
025	范启龙	地毯车间	工人	5530.00	200.00	5730.00	5730.00	5730.00								
026	吴海龙	地毯车间	工人	5500.00	200.00	5700.00	5700.00	5700.00								
027	陈香茗	地毯车间	工人	5500.00	200.00	5700.00	5700.00	5700.00								
028	于　洪	地毯车间	工人	5500.00	200.00	5700.00	5700.00	5700.00								
029	赵浩明	地毯车间	工人	5500.00	200.00	5700.00	5700.00	5700.00								
030	杨树军	地毯车间	工人	5300.00	200.00	5500.00	5500.00	5500.00								
031	郑来贵	地毯车间	工人	5300.00	200.00	5500.00	5500.00	5500.00								
032	王　斌	地毯车间	工人	5300.00	200.00	5500.00	5500.00	5500.00								
033	任胜力	地毯车间	工人	5300.00	200.00	5500.00	5500.00	5500.00								
034	陈　波	地毯车间	工人	5300.00	200.00	5500.00	5500.00	5500.00								
035	张大伟	地毯车间	工人	5300.00	200.00	5500.00	5500.00	5500.00								
036	杨　亮	地毯车间	工人	5300.00	200.00	5500.00	5500.00	5500.00								
037	李　洋	地毯车间	工人	5300.00	200.00	5500.00	5500.00	5500.00								
038	张洪元	地毯车间	工人	5300.00	200.00	5500.00	5500.00	5500.00								
039	李成佳	地毯车间	工人	5300.00	200.00	5500.00	5500.00	5500.00								
040	王子豪	地毯车间	工人	5300.00	200.00	5500.00	5500.00	5500.00								

续表

人员编码	人员姓名	所在部门	人员类别	基本工资	季度奖金月分配额	应付工资	应发合计	实发合计	养老保险	住房公积金	失业保险	医疗保险	扣保险与公积金合计	缺勤扣款	本次代扣税	扣款合计
041	于　宁	地毯车间	工人	5300.00	200.00	5500.00	5500.00	5500.00								
042	单春来	地毯车间	工人	5300.00	200.00	5500.00	5500.00	5500.00								
043	赵喜庆	地毯车间	工人	5300.00	200.00	5500.00	5500.00	5500.00								
044	周　军	地毯车间	工人	5300.00	200.00	5500.00	5500.00	5500.00								
045	郝胜奎	地毯车间	工人	5300.00	100.00	5400.00	5400.00	5400.00								
046	庄思成	地毯车间	工人	5300.00	100.00	5400.00	5400.00	5400.00								
047	秦　勇	地毯车间	工人	5300.00	100.00	5400.00	5400.00	5400.00								
048	吴立军	地毯车间	工人	5300.00	100.00	5400.00	5400.00	5400.00								
049	沈家豪	地毯车间	工人	5300.00	100.00	5400.00	5400.00	5400.00								
050	于彦斌	地毯车间	工人	5300.00	100.00	5400.00	5400.00	5400.00								
051	蔡　泓	地毯车间	工人	5300.00	100.00	5400.00	5400.00	5400.00								
052	舒丽丽	地毯车间	工人	5300.00	100.00	5400.00	5400.00	5400.00								
053	沈海梅	地毯车间	工人	5300.00	100.00	5400.00	5400.00	5400.00								
054	邱　成	地毯车间	工人	5300.00	100.00	5400.00	5400.00	5400.00								
055	张晓猛	地毯车间	工人	5300.00	100.00	5400.00	5400.00	5400.00								
056	王珊珊	地毯车间	工人	5000.00	100.00	5100.00	5100.00	5100.00								
057	杨　霜	地毯车间	工人	4800.00	200.00	5000.00	5000.00	5000.00								
058	左疏影	地毯车间	工人	4800.00	200.00	5000.00	5000.00	5000.00								
059	兰　静	地毯车间	工人	4800.00	200.00	5000.00	5000.00	5000.00								
060	吴小海	玻璃钢车间	工人	5100.00	200.00	5300.00	5300.00	5300.00								
061	徐　玲	玻璃钢车间	工人	5100.00	200.00	5300.00	5300.00	5300.00								
062	刘　梅	玻璃钢车间	工人	5100.00	200.00	5300.00	5300.00	5300.00								
063	蔡少芬	玻璃钢车间	工人	5100.00	200.00	5300.00	5300.00	5300.00								

续表

人员编码	人员姓名	所在部门	人员类别	基本工资	季度奖金月分配额	应付工资	应发合计	实发合计	养老保险	住房公积金	失业保险	医疗保险	扣保险与公积金合计	缺勤扣款	本次代扣税	扣款合计
064	张　锦	玻璃钢车间	工人	5100.00	200.00	5300.00	5300.00	5300.00								
065	吴子龙	玻璃钢车间	工人	5100.00	200.00	5300.00	5300.00	5300.00								
066	于雷浩	玻璃钢车间	工人	5000.00	100.00	5100.00	5100.00	5100.00								
067	李一梅	玻璃钢车间	工人	5000.00	100.00	5100.00	5100.00	5100.00								
068	张保国	玻璃钢车间	工人	5000.00	100.00	5100.00	5100.00	5100.00								
069	杨　浩	玻璃钢车间	工人	5000.00	100.00	5100.00	5100.00	5100.00								
070	苏云祥	玻璃钢车间	工人	5000.00	100.00	5100.00	5100.00	5100.00								
071	李晓菊	玻璃钢车间	工人	5000.00	100.00	5100.00	5100.00	5100.00								
072	李　军	玻璃钢车间	工人	4800.00	200.00	5000.00	5000.00	5000.00								
073	刘　源	玻璃钢车间	工人	4800.00	200.00	5000.00	5000.00	5000.00								
074	李晓燕	玻璃钢车间	工人	4800.00	200.00	5000.00	5000.00	5000.00								
075	张海江	玻璃钢车间	工人	4800.00	200.00	5000.00	5000.00	5000.00								
076	武　力	玻璃钢车间	工人	4800.00	170.00	4970.00	4970.00	4970.00								
合　计				385430.00	14770.00	400200.00	400200.00	400200.00								

总经理：孙梦　　　　审核：张书妍　　　　制单：张金华

10418 薪酬会计——发放 12 月份工资

经济业务	发放 12 月份工资	更新时间		经济业务摘要
岗　　位	薪酬会计	级　　别	初级	发放 12 月份工资
工作方式	手工			

经济业务内容

发放12月份职工工资共计400200元（不考虑个人所得税），以网银支付。其中：基本工资385430元，奖金14770元。

经济业务处理要求

职工薪酬发放业务：审核应付职工薪酬计算表，办理电子银行业务工资支付业务，审核银行转来的“电子银行业务回单（付款）”，据此分析经济业务，根据有关原始单据，参照应付职工薪酬发放业务的核算流程，运用借贷记账法编制记账凭证，登记相关账簿。

注意应付职工薪酬的构成及费用归集的要求，正确确认费用归属，正确运用会计科目。

经济业务流程

上海光华汽车毯业有限公司

流程名称：工资发放业务流程

流程代码：GH10410418

更新时间：2019年12月

风险点：

部门名称：	审批人：	
主责岗位：	会签	
编 辑 人：		

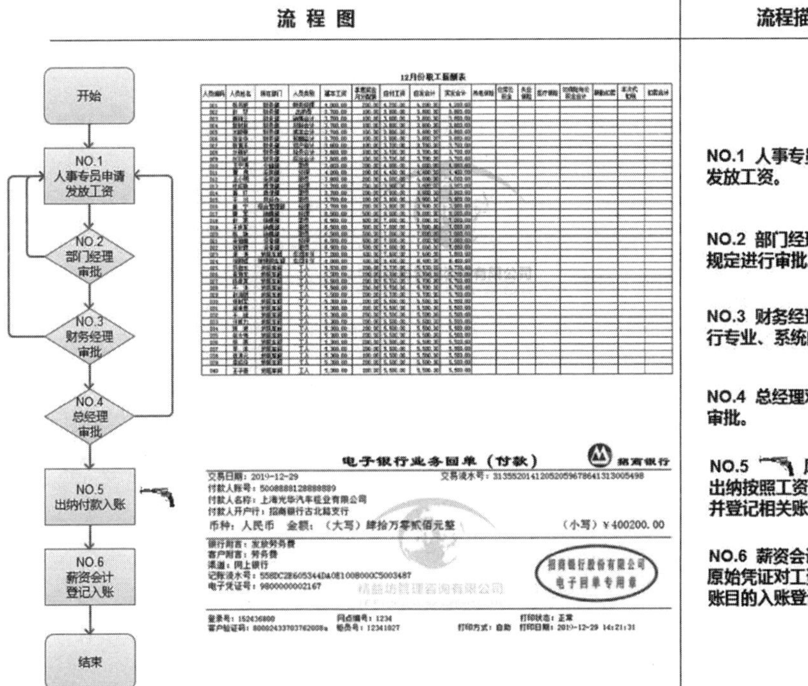

流程描述

NO.1 人事专员根据公司规定申请发放工资。

NO.2 部门经理根据公司相关流程规定进行审批。

NO.3 财务经理对工资表的内容进行专业、系统的审批。

NO.4 总经理对上报的工资表进行审批。

NO.5 风险点管控措施 出纳按照工资表进行工资的发放，并登记相关账目。

NO.6 薪资会计根据付款后的相关原始凭证对工资发放情况进行相关账目的入账登记。

经济业务证明（外来原始凭证）

编码：J108121-10418

电子银行业务回单（付款）

交易日期：2019-12-29　　交易流水号：31355201412052059678641313005498

付款人账号：5008888128888889

付款人名称：上海光华汽车毯业有限公司

付款人开户行：招商银行古北路支行

币种：人民币　金额：（大写）肆拾万零贰佰元整　　（小写）¥400200.00

银行附言：发放劳务费

客户附言：劳务费

渠道：网上银行

记账流水号：558DC2E605344DA0E1008000C5003487

电子凭证号：9800000002167

招商银行股份有限公司
电子回单专用章

登录号：152436800　　网点编号：1234　　打印状态：正常

客户验证码：80002433703762008a　　柜员号：12341027　　打印方式：自助　　打印日期：2019-12-29 14:21:31

经济业务证明（自制原始凭证）

编码：J201122-10418

12月份职工薪酬表

人员编码	人员姓名	所在部门	人员类别	基本工资	季度奖金月分配额	应付工资	应发合计	实发合计	养老保险	住房公积金	失业保险	医疗保险	扣保险与公积金合计	缺勤扣款	本次代扣税	扣款合计
001	张书妍	财务部	财务经理	4000.00	200.00	4200.00	4200.00	4200.00								
002	赵　梦	财务部	出纳员	3700.00	100.00	3800.00	3800.00	3800.00								
003	南翔云	财务部	销售会计	3700.00	100.00	3800.00	3800.00	3800.00								
004	郭树林	财务部	材料会计	3700.00	100.00	3800.00	3800.00	3800.00								
005	米晓曼	财务部	成本会计	3700.00	100.00	3800.00	3800.00	3800.00								
006	张金华	财务部	薪酬会计	3700.00	100.00	3800.00	3800.00	3800.00								
007	张清洋	财务部	资产会计	3600.00	100.00	3700.00	3700.00	3700.00								
008	刘新妃	财务部	税务会计	3600.00	100.00	3700.00	3700.00	3700.00								
009	刘羽昶	财务部	综合会计	3600.00	100.00	3700.00	3700.00	3700.00								
010	王宁涛	仓储部	职员	3800.00	200.00	4000.00	4000.00	4000.00								
011	董　良	采购部	经理	4200.00	200.00	4400.00	4400.00	4400.00								
012	王小明	采购部	职员	3800.00	200.00	4000.00	4000.00	4000.00								
013	杜成静	质保部	经理	3700.00	200.00	3900.00	3900.00	3900.00								
014	潘　红	质保部	职员	3700.00	200.00	3900.00	3900.00	3900.00								
015	王　川	总经办	职员	3700.00	200.00	3900.00	3900.00	3900.00								
016	姜　宁	综合管理部	经理	3700.00	200.00	3900.00	3900.00	3900.00								
017	唐　军	销售部	经理	8500.00	500.00	9000.00	9000.00	9000.00								

续表

人员编码	人员姓名	所在部门	人员类别	基本工资	季度奖金月分配额	应付工资	应发合计	实发合计	养老保险	住房公积金	失业保险	医疗保险	扣保险与公积金合计	缺勤扣款	本次代扣税	扣款合计
018	赵　亮	销售部	职员	6500.00	500.00	7000.00	7000.00	7000.00								
019	王世军	销售部	职员	6500.00	500.00	7000.00	7000.00	7000.00								
020	张　艳	销售部	职员	6500.00	500.00	7000.00	7000.00	7000.00								
021	吴海娜	设备部	经理	6500.00	500.00	7000.00	7000.00	7000.00								
022	张彩霞	设备部	职员	6500.00	500.00	7000.00	7000.00	7000.00								
023	周　涛	地毯车间	车间主任	7200.00	400.00	7600.00	7600.00	7600.00								
024	徐明辉	玻璃钢车间	车间主任	8000.00	400.00	8400.00	8400.00	8400.00								
025	范启龙	地毯车间	工人	5530.00	200.00	5730.00	5730.00	5730.00								
026	吴海龙	地毯车间	工人	5500.00	200.00	5700.00	5700.00	5700.00								
027	陈香茗	地毯车间	工人	5500.00	200.00	5700.00	5700.00	5700.00								
028	于　洪	地毯车间	工人	5500.00	200.00	5700.00	5700.00	5700.00								
029	赵浩明	地毯车间	工人	5500.00	200.00	5700.00	5700.00	5700.00								
030	杨树军	地毯车间	工人	5300.00	200.00	5500.00	5500.00	5500.00								
031	郑来贵	地毯车间	工人	5300.00	200.00	5500.00	5500.00	5500.00								
032	王　斌	地毯车间	工人	5300.00	200.00	5500.00	5500.00	5500.00								
033	任胜力	地毯车间	工人	5300.00	200.00	5500.00	5500.00	5500.00								
034	陈　波	地毯车间	工人	5300.00	200.00	5500.00	5500.00	5500.00								
035	张大伟	地毯车间	工人	5300.00	200.00	5500.00	5500.00	5500.00								
036	杨　亮	地毯车间	工人	5300.00	200.00	5500.00	5500.00	5500.00								
037	李　洋	地毯车间	工人	5300.00	200.00	5500.00	5500.00	5500.00								
038	张洪元	地毯车间	工人	5300.00	200.00	5500.00	5500.00	5500.00								
039	李成佳	地毯车间	工人	5300.00	200.00	5500.00	5500.00	5500.00								
040	王子豪	地毯车间	工人	5300.00	200.00	5500.00	5500.00	5500.00								

续表

人员编码	人员姓名	所在部门	人员类别	基本工资	季度奖金月分配额	应付工资	应发合计	实发合计	养老保险	住房公积金	失业保险	医疗保险	扣保险与公积金合计	缺勤扣款	本次代扣税	扣款合计
041	于　宁	地毯车间	工人	5300.00	200.00	5500.00	5500.00	5500.00								
042	单春来	地毯车间	工人	5300.00	200.00	5500.00	5500.00	5500.00								
043	赵喜庆	地毯车间	工人	5300.00	200.00	5500.00	5500.00	5500.00								
044	周　军	地毯车间	工人	5300.00	200.00	5500.00	5500.00	5500.00								
045	郝胜奎	地毯车间	工人	5300.00	100.00	5400.00	5400.00	5400.00								
046	庄思成	地毯车间	工人	5300.00	100.00	5400.00	5400.00	5400.00								
047	秦　勇	地毯车间	工人	5300.00	100.00	5400.00	5400.00	5400.00								
048	吴立军	地毯车间	工人	5300.00	100.00	5400.00	5400.00	5400.00								
049	沈家豪	地毯车间	工人	5300.00	100.00	5400.00	5400.00	5400.00								
050	于彦斌	地毯车间	工人	5300.00	100.00	5400.00	5400.00	5400.00								
051	蔡　泓	地毯车间	工人	5300.00	100.00	5400.00	5400.00	5400.00								
052	舒丽丽	地毯车间	工人	5300.00	100.00	5400.00	5400.00	5400.00								
053	沈海梅	地毯车间	工人	5300.00	100.00	5400.00	5400.00	5400.00								
054	邱　成	地毯车间	工人	5300.00	100.00	5400.00	5400.00	5400.00								
055	张晓猛	地毯车间	工人	5300.00	100.00	5400.00	5400.00	5400.00								
056	王珊珊	地毯车间	工人	5000.00	100.00	5100.00	5100.00	5100.00								
057	杨　霜	地毯车间	工人	4800.00	200.00	5000.00	5000.00	5000.00								
058	左疏影	地毯车间	工人	4800.00	200.00	5000.00	5000.00	5000.00								
059	兰　静	地毯车间	工人	4800.00	200.00	5000.00	5000.00	5000.00								
060	吴小海	玻璃钢车间	工人	5100.00	200.00	5300.00	5300.00	5300.00								
061	徐　玲	玻璃钢车间	工人	5100.00	200.00	5300.00	5300.00	5300.00								
062	刘　梅	玻璃钢车间	工人	5100.00	200.00	5300.00	5300.00	5300.00								
063	蔡少芬	玻璃钢车间	工人	5100.00	200.00	5300.00	5300.00	5300.00								
064	张　锦	玻璃钢车间	工人	5100.00	200.00	5300.00	5300.00	5300.00								

续表

人员编码	人员姓名	所在部门	人员类别	基本工资	季度奖金月分配额	应付工资	应发合计	实发合计	养老保险	住房公积金	失业保险	医疗保险	扣保险与公积金合计	缺勤扣款	本次代扣税	扣款合计
065	吴子龙	玻璃钢车间	工人	5100.00	200.00	5300.00	5300.00	5300.00								
066	于雷浩	玻璃钢车间	工人	5000.00	100.00	5100.00	5100.00	5100.00								
067	李一梅	玻璃钢车间	工人	5000.00	100.00	5100.00	5100.00	5100.00								
068	张保国	玻璃钢车间	工人	5000.00	100.00	5100.00	5100.00	5100.00								
069	杨　浩	玻璃钢车间	工人	5000.00	100.00	5100.00	5100.00	5100.00								
070	苏云祥	玻璃钢车间	工人	5000.00	100.00	5100.00	5100.00	5100.00								
071	李晓菊	玻璃钢车间	工人	5000.00	100.00	5100.00	5100.00	5100.00								
072	李　军	玻璃钢车间	工人	4800.00	200.00	5000.00	5000.00	5000.00								
073	刘　源	玻璃钢车间	工人	4800.00	200.00	5000.00	5000.00	5000.00								
074	李晓燕	玻璃钢车间	工人	4800.00	200.00	5000.00	5000.00	5000.00								
075	张海江	玻璃钢车间	工人	4800.00	200.00	5000.00	5000.00	5000.00								
076	武　力	玻璃钢车间	工人	4800.00	170.00	4970.00	4970.00	4970.00								
合　计				385430.00	14770.00	400200.00	400200.00	400200.00								

总经理：孙梦　　　审核：张书妍　　　制单：张金华

10219 资产会计——固定资产折旧

经济业务	固定资产折旧	更新时间		经济业务摘要
岗　　位	资产会计	级　　别	初级	计提12月份机械设备、房屋及建筑物折旧
工作方式	手工			

经济业务内容

计提固定资产折旧，具体内容见固定资产折旧计算表。

经济业务处理要求

固定资产计提折旧业务处理：编制审核固定资产折旧计算表，分析经济业务，进行固定资产计提折旧费用的确认及计量。依据审核无误的固定资产折旧计算表，遵循固定资产折旧费用分配的会计处理原则，参照固定资产折旧业务处理流程，运用借贷记账法编制记账凭证，登记相关账簿。

注意区分固定资产折旧费用的发生部门，弄清备抵账户与被调整账户的关系，正确运用会计科目。

经济业务流程

上海光华汽车毯业有限公司

流程名称：固定资产折旧业务流程

流程代码：GH10710219

更新时间：2019年12月

风险点：

部门名称：	审批人：	
主责岗位：	会签	
编 辑 人：		

流 程 图	流程描述

开始

NO.1 固定资产的购入

NO.2 资产会计编制折旧计算表

NO.3 财务经理审批

NO.4 总经理审批

NO.5 资产会计登记入账

NO.6 成本会计登记入账

NO.7 综合会计登记入账

结束

固定资产折旧计算表

单位名称：上海光华汽车毯业有限公司

日期： 折旧方法：平均年限法 单位：元

编号	名称	入账日期	单位	数量	资产原值	使用年限	残值率%	预计净残值	已使用月份	本月折旧	累计折旧	净值	月折旧额	实际计提折旧日期	资产分类	使用部门
	合计															

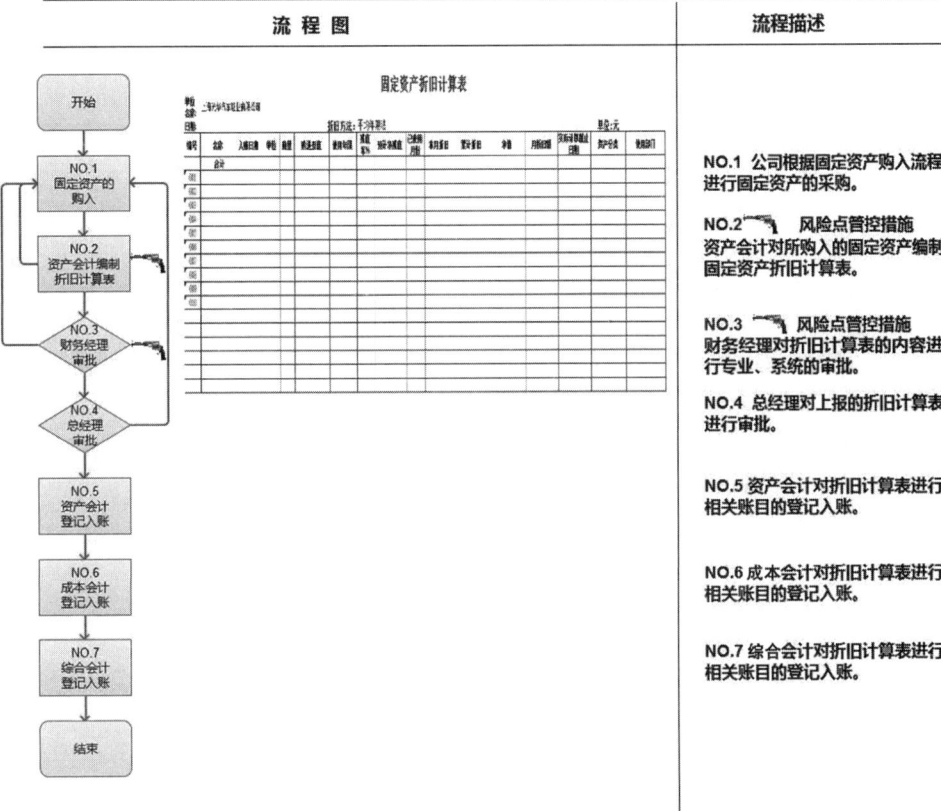

NO.1 公司根据固定资产购入流程进行固定资产的采购。

NO.2 风险点管控措施
资产会计对所购入的固定资产编制固定资产折旧计算表。

NO.3 风险点管控措施
财务经理对折旧计算表的内容进行专业、系统的审批。

NO.4 总经理对上报的折旧计算表进行审批。

NO.5 资产会计对折旧计算表进行相关账目的登记入账。

NO.6 成本会计对折旧计算表进行相关账目的登记入账。

NO.7 综合会计对折旧计算表进行相关账目的登记入账。

经济业务证明（自制原始凭证）

编码：J203127-10219

固定资产折旧计算表

单位名称：上海光华汽车毯业有限公司

日期：2019年12月31日　　折旧方法：平均年限法　　单位：元

编号	名称	入账日期	单位	数量	购进原值	使用年限	残值率（%）	预计净残值	已使用月份	本月折旧	累计折旧	净值	月折旧额	实际计算截止日期	资产分类	使用部门
	合计				41880441.74			1256413.25		191080.68	17953375.05	23927066.69	191080.68			
001	注塑机	2017年11月1日	台	8	2240011.00	10	3	67200.33	25	18106.76	452669.00	1787342.00	18106.76	2019年12月31日	生产设备	玻璃钢车间
002	1000T液压机	2017年11月1日	台	2	2400000.00	10	3	72000.00	25	19400.00	485000.00	1915000.00	19400.00	2019年12月31日	生产设备	地毯车间
003	厂房	2010年7月1日	栋	1	37106800.00	20	3	1113204.00	113	149973.32	16946985.16	20159814.84	149973.32	2019年12月31日	厂房	玻璃钢、地毯车间
004	电脑	2018年2月14日	台	4	27370.50	3	3	821.12	22	737.48	16224.56	11145.94	737.48	2019年12月31日	电子设备	综合管理部
005	电脑	2018年6月1日	台	4	27350.44	3	3	820.51	18	736.94	13264.92	14085.52	736.94	2019年12月31日	电子设备	综合管理部
006	笔记本电脑	2018年12月3日	台	3	23589.75	3	3	707.69	12	635.61	7627.32	15962.43	635.61	2019年12月31日	电子设备	综合管理部
007	打印一体机	2018年1月17日	台	1	2512.82	3	3	75.38	23	67.71	1557.33	955.49	67.71	2019年12月31日	电子设备	综合管理部
008	投影机	2018年4月6日	台	1	4700.85	3	3	141.03	20	126.66	2533.20	2167.65	126.66	2019年12月31日	电子设备	综合管理部
009	服务器	2017年11月20日	台	1	17850.00	3	3	535.50	25	480.96	12024.00	5826.00	480.96	2019年12月31日	电子设备	综合管理部
010	笔记本电脑	2018年5月19日	台	6	30256.38	3	3	907.69	19	815.24	15489.56	14766.82	815.24	2019年12月31日	电子设备	综合管理部

10620 税务会计——支付税控系统维护费

经济业务	支付税控系统维护费	更新时间		经济业务摘要
岗　　位	税务会计	级　　别	初级	支付税控系统维护费
工作方式	手工			

经济业务内容

以电子银行转账支付税控系统维护费用，可全额抵增值税税款。

经济业务处理要求

支付税控系统维护费业务处理：审核税控系统维护费增值税发票及电子银行业务回单（付款），分析经济业务，进行税控系统维护费用的确认及计量。参照支付税控系统维护费业务处理流程，运用借贷记账法编制记账凭证，登记相关账簿。

注意分析费用性质，正确确定费用归属，正确运用会计科目。

经济业务流程

上海光华汽车毯业有限公司

流程名称：支付税控系统维护费业务流程

流程代码：GH10610620

更新时间：2019年12月

风险点：

部门名称：	审批人：	
主责岗位：	会签	
编 辑 人：		

流程图	流程描述

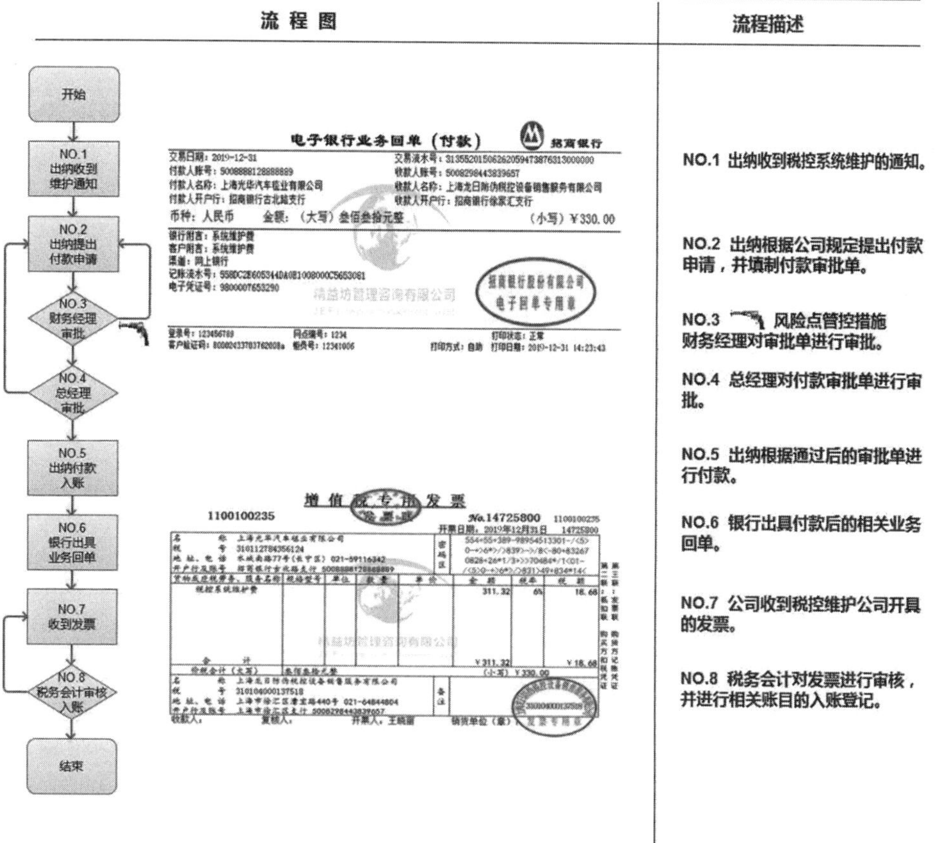

电子银行业务回单（付款） 招商银行

交易日期：2019-12-31　交易流水号：313552015062620594738763130000000

付款人账号：5008888128888889　收款人账号：5008298443839657

付款人名称：上海光华汽车毯业有限公司　收款人名称：上海龙日防伪税控设备销售服务有限公司

付款人开户行：招商银行古北路支行　收款人开户行：招商银行徐家汇支行

币种：人民币　金额：（大写）叁佰叁拾元整　（小写）￥330.00

银行附言：系统维护费

客户附言：系统维护费

渠道：网上银行

记账流水号：558DC2E605344DA0B1008000C5653081

电子凭证号：9800007653290

招商银行股份有限公司 电子回单专用章

登录号：123456789　网点编号：1234　打印状态：正常

客户验证码：80002433703762008a　柜员号：12341006　打印方式：自助　打印日期：2019-12-31 14:23:43

增值税专用发票

1100100235　No.14725800

开票日期：2019年12月31日

购买方	名称：上海光华汽车毯业有限公司 纳税人识别号：310112784356124 地址、电话：长城南路77号（长宁区） 021-59116342 开户行及账号：招商银行古北路支行 5008888128888889	密码区	554+55+389-98954513301-/<5> 0-+>6*>/>839>->/8<-80+83267 0828+26*1/3+>>70484*/1<01- /<5>0-+>6*>/>831>49+834*14<

货物或应税劳务、服务名称	规格型号	单位	数量	单价	金额	税率	税额
税控系统维护费					311.32	6%	18.68
合计					￥311.32		￥18.68
价税合计（大写）	叁佰叁拾元整				（小写）￥330.00		

销售方	名称：上海龙日防伪税控设备销售服务有限公司 纳税人识别号：310104000137518 地址、电话：上海市徐汇区漕宝路440号 021-64844804 开户行及账号：上海市徐汇区支行 5008298443839657	备注	

收款人：　复核人：　开票人：王晓丽　销货单位（章）：

NO.1 出纳收到税控系统维护的通知。

NO.2 出纳根据公司规定提出付款申请，并填制付款审批单。

NO.3 风险点管控措施
财务经理对审批单进行审批。

NO.4 总经理对付款审批单进行审批。

NO.5 出纳根据通过后的审批单进行付款。

NO.6 银行出具付款后的相关业务回单。

NO.7 公司收到税控维护公司开具的发票。

NO.8 税务会计对发票进行审核，并进行相关账目的入账登记。

经济业务证明（外来原始凭证）

编码：J108132-10620

电子银行业务回单（付款）

交易日期：2019-12-31　　交易流水号：31355201506262059473876313000000

付款人账号：5008888128888889　　收款人账号：5008298443839657

付款人名称：上海光华汽车毯业有限公司　　收款人名称：上海龙日防伪税控设备销售服务有限公司

付款人开户行：招商银行古北路支行　　收款人开户行：招商银行徐家汇支行

币种：人民币　金额：（大写）叁佰叁拾元整　　（小写）¥330.00

银行附言：系统维护费

客户附言：系统维护费

渠道：网上银行

记账流水号：558DC2E605344DA0E1008000C5653081

电子凭证号：9800007653290

招商银行股份有限公司 电子回单专用章

登录号：12345678　　网点编号：1234　　打印状态：正常

客户验证码：80002433703762008a　　柜员号：12341006　　打印方式：自助　　打印日期：2019-12-31 14:23:43

编码：J105133-10620

增值税专用发票

No.14725800

机器编号：

1100100235

开票日期：2019年12月31日

购买方		密码区	
名　　称	上海光华汽车毯业有限公司	密码区	554+55+389-98954513301-/<5>
税　　号	310112784356124		0-+>6*>/>839>->/8<-80+83267
地 址、电 话	水城南路77号（长宁区）021-59116342		0828+26*1/3+>>70484*/1<01-
开户行及账号	招商银行古北路支行 5008888128888889		/<5>0-+>6*>/>831>49+834*14<

货物或应税劳务、服务名称	规格型号	单位	数量	单价	金 额	税率	税额
税控系统维护费					311.32	6%	18.68
合　　计					¥311.32		¥18.68
价税合计（大写）	叁佰叁拾元整		（小写）	¥330.00			

销售方		备注
名　　称	上海龙日防伪税控设备销售服务有限公司	备注
税　　号	310104000137518	上海龙日防伪税控设备销售服务有限公司 310104000137518 发票专用章
地 址、电 话	上海市徐汇区漕宝路440号 021-64844804	
开户行及账号	上海市徐汇区支行 5008298443839657	

第三联：发票联 购货方记账凭证

收款人：　　复核人：　　开票人：王晓丽　　销货单位（章）：

10121 材料会计——地毯车间领料

<table>
<tr><td>经济业务</td><td>地毯车间领料</td><td>更新时间</td><td></td><td>经济业务摘要</td></tr>
<tr><td>岗　　位</td><td>材料会计</td><td>级　　别</td><td>初级</td><td rowspan="2">地毯车间领料</td></tr>
<tr><td>工作方式</td><td colspan="3">手工</td></tr>
</table>

经济业务内容

地毯车间本月累计领用黑色簇绒面料7000张，材料出库成本784770元；领用发泡料17290千克，材料出库成本345800元。

经济业务处理要求

生产领用材料业务处理：审核材料领料单及材料出库单，分析经济业务，进行材料费用的确认及计量。参照生产领用材料业务处理流程，运用借贷记账法编制记账凭证，登记相关账簿。注意材料费用的归集与分配核算范围，注意材料成本计价方法，正确运用“生产成本”账户。

经济业务流程

上海光华汽车毯业有限公司

流程名称：生产领料业务流程

流程代码：GH10510121

更新时间：2019年12月

风险点：

部门名称：	审批人：	
主责岗位：	会签	
编 辑 人：		

流程图	流程描述
开始	
NO.1 提料人提交领料申请单	NO.1 提料人提交原材料领料申请单（要求：按照领料单内容填写）。
NO.2 车间主任审批	NO.2 车间主任根据车间实际情况进行审批。
NO.3 库房审批出库	NO.3 风险点管控措施 库房审核领料单并根据领料单进行原材料的出库，同时，开具原材料出库单。
NO.4 材料会计计算出库成本	NO.4 风险点管控措施 材料会计根据领料单、出库单计算出原材料的出库成本。
NO.5 财务经理审批	NO.5 财务经理审核材料会计计算的出库成本。
NO.6 材料会计登记入账	NO.6 审批通过后，材料会计对其进行相关的入账登记。
NO.7 成本会计登记入账	NO.7 成本会计进行相应的入账登记处理。
结束	

原材料出库单

编号：12-06-001 库别： 类型： 年 月 日

物料编码	物料名称	规格型号	计量单位	数量	批号	备注

领用部门： 领用人： 复核人： 库管员：

经济业务证明（自制原始凭证）

编码：J206139-10121

原材料 出库单

编号：12-06-001　　库别：原材料仓　　类型：生产领用　　2019年12月6日

物料编码	物料名称	规格型号	计量单位	数量	批号	备注
YCL301	发泡料	黑料	千克	17290	20191206001	地毯车间领用

第三联：记账

领用部门：地毯车间　　领用人：陈波　　复核人：刘思源　　库管员：徐林

编码：J206140-10121

原材料 出库单

编号：12-06-002　　库别：原材料仓　　类型：生产领用　　2019年12月6日

物料编码	物料名称	规格型号	计量单位	数量	批号	备注
YCL101	黑色簇绒面料	黑色（2m×2.8m×8mm）	张	3000	20191206001	地毯车间领用

第三联：记账

领用部门：地毯车间　　领用人：陈波　　复核人：刘思源　　库管员：徐林

编码：J206141-10121

原材料 出库单

编号：12-10-001　　库别：原材料仓　　类型：生产领用　　2019年12月10日

物料编码	物料名称	规格型号	计量单位	数量	批号	备注
YCL101	黑色簇绒面料	黑色（2m×2.8m×8mm）	张	1000	20191210001	地毯车间领用

第三联：记账

领用部门：地毯车间　　领用人：陈波　　复核人：刘思源　　库管员：徐林

编码：J206142-10121

原材料 出库单

编号：12-14-001　　库别：原材料仓　　类型：生产领用　　2019年12月14日

物料编码	物料名称	规格型号	计量单位	数量	批号	备注
YCL101	黑色簇绒面料	黑色（2m×2.8m×8mm）	张	2000	20191214001	地毯车间领用

第三联：记账

领用部门：地毯车间　　领用人：陈波　　复核人：刘思源　　库管员：徐林

编码：J206143-10121

原材料 出库单

编号：12-18-001　　库别：原材料仓　　类型：生产领用　　2019年12月18日

物料编码	物料名称	规格型号	计量单位	数量	批号	备注
YCL101	黑色簇绒面料	黑色（2m×2.8m×8mm）	张	1000	20191218001	地毯车间领用

第三联：记账

领用部门：地毯车间　　领用人：陈波　　复核人：刘思源　　库管员：徐林

10122 材料会计——玻璃钢车间领料

经济业务	玻璃钢车间领料	更新时间		经济业务摘要
岗　　位	材料会计	级　　别	初级	玻璃钢车间领料
工作方式	手工			

经济业务内容

玻璃钢车间本月累计领用玻璃钢片材5600千克，材料出库成本54841.38元；领用底漆440千克，材料出库成本10868元。

经济业务处理要求

生产领用材料业务处理：审核材料领料单及材料出库单，分析经济业务，进行材料费用的确认及计量。参照生产领用材料业务处理流程，运用借贷记账法编制记账凭证，登记相关账簿。

注意材料费用的归集与分配核算范围，注意材料成本计价方法，正确运用“生产成本”账户。

经济业务流程

上海光华汽车毯业有限公司

流程名称：生产领料业务流程
流程代码：GH10510121
更新时间：2019年12月
风险点：

部门名称：	审批人：	
主责岗位：	会签	
编 辑 人：		

流 程 图	流程描述

开始 → NO.1 提料人提交领料申请单 → NO.2 车间主任审批 → NO.3 库房审批出库 → NO.4 材料会计计算出库成本 → NO.5 财务经理审批 → NO.6 材料会计登记入账 → NO.7 成本会计登记入账 → 结束

原材料 出库单

编号：12-06-001　库别：　类型：　年 月 日

物料编码	物料名称	规格型号	计量单位	数量	批号	备注

领用部门：　领用人：　复核人：　库管员：

NO.1 提料人提交原材料领料申请单（要求：按照领料单内容填写）。

NO.2 车间主任根据车间实际情况进行审批。

NO.3 风险点管控措施
库房审核领料单并根据领料单进行原材料的出库，同时，开具原材料出库单。

NO.4 风险点管控措施
材料会计根据领料单、出库单计算出原材料的出库成本。

NO.5 财务经理审核材料会计计算的出库成本。

NO.6 审批通过后，材料会计对其进行相关的入账登记。

NO.7 成本会计进行相应的入账登记处理。

经济业务证明（自制原始凭证）

编码：J206148-10122

原材料　出库单

编号：12-08-001　　库别：原材料仓　　类型：生产领用　　2019年12月8日

物料编码	物料名称	规格型号	计量单位	数量	批号	备注
YCL002	玻璃钢片材	SMC（1000mm×2.5mm）	千克	3000	20191208001	玻璃钢车间领用

第三联：记账

领用部门：玻璃钢车间　　领用人：李洋　　复核人：刘思源　　库管员：徐林

编码：J206149-10122

原材料　出库单

编号：12-08-002　　库别：原材料仓　　类型：生产领用　　2019年12月8日

物料编码	物料名称	规格型号	计量单位	数量	批号	备注
YCL201	底漆	银色环氧封闭	千克	440	20191208001	玻璃钢车间领用

第三联：记账

领用部门：玻璃钢车间　　领用人：李洋　　复核人：刘思源　　库管员：徐林

编码：J206150-10122

原材料　出库单

编号：12-13-001　　库别：原材料仓　　类型：生产领用　　2019年12月13日

物料编码	物料名称	规格型号	计量单位	数量	批号	备注
YCL002	玻璃钢片材	SMC（1000mm×2.5mm）	千克	2600	20191213001	玻璃钢车间领用

第三联：记账

领用部门：玻璃钢车间　　领用人：李洋　　复核人：刘思源　　库管员：徐林

10523 成本会计——制造费用分配

<table>
<tr><td>经济业务</td><td>制造费用分配</td><td>更新时间</td><td></td><td>经济业务摘要</td></tr>
<tr><td>岗　　位</td><td>成本会计</td><td>级　　别</td><td>初级</td><td rowspan="2">12月份制造费用分配</td></tr>
<tr><td>工作方式</td><td colspan="3">手工</td></tr>
</table>

经济业务内容

分配当期制造费用。

经济业务处理要求

制造费用分配业务处理：根据制造费用明细账本月发生额合计及工时统计编制制造费用分配表，分配本月制造费用。参照制造费用分配业务处理流程，运用借贷记账法编制记账凭证，登记相关账簿。

注意制造费用列支范围及其分配方法的选择及运用，正确分配制造费用。

经济业务流程

上海光华汽车毯业有限公司

流程名称：制造费用分配业务流程

流程代码：GH11310523

更新时间：2019年12月

风险点：

部门名称：	审批人：	
主责岗位：	会签	
编 辑 人：		

流 程 图	流程描述

开始

NO.1 设立制造费用明细科目

NO.2 归集各项制造费用

NO.3 按照费用发生直接计入产品成本

NO.4 编制制造费用明细表

NO.5 填制记账凭证

NO.6 登记制造费用生产成本明细账

结束

制造费用明细表

编制单位：财务部　　2019年12月31日　　单位：元

车间名称	明细项目				合计
	工资福利	折旧费	设备维修费	水电杂费	
地毯车间	7,600.00	124,381.32	17,686.70	98,889.06	248,557.08
玻璃钢车间	8,400.00	63,098.76		42,381.03	113,879.79

NO.1 成本会计根据企业实际成本核算情况设置制造费用明细项目。

NO.2 成本会计按照日常费用发生情况归集各项制造费用。

NO.3 成本会计按照制造费用发生车间将制造费用发生额直接计入产品成本。

NO.4 成本会计按照归集之后的制造费用发生额编制制造费用明细表。

NO.5 成本会计根据审核无误的制造费用明细表填制记账凭证。

NO.6 成本会计根据审核无误的记账凭证登记制造费用明细账和生产成本明细账。

经济业务证明（自制原始凭证）

编码：J219155-10523

制造费用明细表

编制单位：财务部　　2019年12月31日　　单位：元

车间名称	明细项目				合计
	工资福利	折旧费	设备维修费	水电杂费	
地毯车间	7600.00	124381.32	17686.70	98889.06	248557.08
玻璃钢车间	8400.00	63098.76		42381.03	113879.79

制表人：米晓曼

10524 成本会计——产成品入库

经济业务	产成品入库	更新时间		经济业务摘要
岗　　位	成本会计	级　　别	初级	12月份产成品入库
工作方式	手工			

经济业务内容

12月末，计算本月产成品入库成本（速腾NCS地毯7000张，前围面板及保险杠2000件）。

经济业务处理要求

产成品入库业务处理：审核产成品入库单，编制审核材料费用分配表、工资费用分配表、制造费用分配表，编制成本计算单，计算本月完工产品成本及产品单位成本，参照产成品入库业务处理流程，运用借贷记账法编制记账凭证，登记相关账簿。

注意完工产品成本构成、成本计算方法的选择及运用，正确计算完工产品成本。

经济业务流程

上海光华汽车毯业有限公司

流程名称：产成品入库业务流程

流程代码：GH10810524

更新时间：2019年12月

风险点：

部门名称：	审批人：	
主责岗位：	会 签	
编 辑 人：		

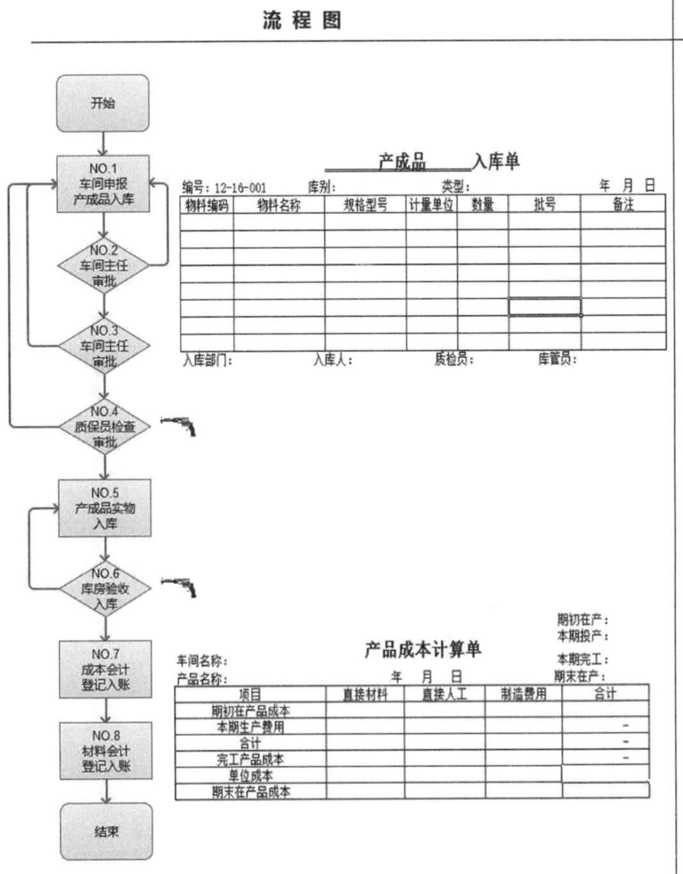

产成品 入库单

编号：12-16-001　库别：　类型：　年 月 日

物料编码	物料名称	规格型号	计量单位	数量	批号	备注

入库部门：　入库人：　质检员：　库管员：

产品成本计算单

期初在产：
本期投产：
本期完工：
期末在产：

车间名称：
产品名称：　年 月 日

项目	直接材料	直接人工	制造费用	合计
期初在产品成本				
本期生产费用				-
合计				-
完工产品成本				-
单位成本				
期末在产品成本				

流程描述

NO.1 车间对已完工的产成品申报产成品入库（要求：按照入库单填写要求填写）。

NO.2 车间主任根据车间产成品实际完成情况进行审批。

NO.3 车间主任根据车间实际情况进行审批。

NO.4 风险点管控措施
质保员根据公司规定以及技术要求对产成品进行检查，并且对其进行系统化的审批。

NO.5 车间将产成品交接于库房。

NO.6 风险点管控措施
库房根据入库流程入库，库房管理员结合产成品实际情况对产成品进行系统化的入库，同时对产成品进行相关的登记入账。

NO.7 成本会计对已完成入库的产成品进行分配制造费用的计算，并且登记相关明细账。

NO.8 材料会计根据审核无误后的产成品入库单进行登记入账。

经济业务证明（自制原始凭证）

编码：J205162-10524

产成品 入库单

编号：12-16-001　　库别：产成品仓　　类型：完工入库　　2019年12月16日

物料编码	物料名称	规格型号	计量单位	数量	批号	备注
CCP03	前围面板及保险杠	解放J5M（悍威）	件	2000	20191216001	玻璃钢车间完工

第三联：记账

入库部门：玻璃钢车间　　入库人：郭威　　质检员：刘兴伟　　库管员：赵玲玲

编码：J205163-10524

产成品 入库单

编号：12-19-001　　库别：产成品仓　　类型：完工入库　　2019年12月19日

物料编码	物料名称	规格型号	计量单位	数量	批号	备注
CCP02	速腾NCS地毯	速腾NCS	张	7000	20191219001	地毯车间完工

第三联：记账

入库部门：地毯车间　　入库人：赵新　　质检员：刘兴伟　　库管员：赵玲玲

编码：J204164-10524

期初在产：0
本期投产：7000
本期完工：7000
期末在产：0

产品成本计算单

车间名称：地毯车间
产品名称：速腾NCS地毯　　2019年12月31日

项目	直接材料	直接人工	制造费用	合计
期初在产品成本				
本期生产费用	1130570.00	190530.00	248557.08	1569657.08
合计	1130570.00	190530.00	248557.08	1569657.08
完工产品成本	1130570.00	190530.00	248557.08	1569657.08
单位成本	161.51	27.22	35.51	224.24
期末在产品成本				

编码：J204165-10524

期初在产：0
本期投产：2000
本期完工：2000
期末在产：0

产品成本计算单

车间名称：玻璃钢车间

产品名称：前围面板及保险杠　　2019年12月31日

项目	直接材料	直接人工	制造费用	合计
期初在产品成本				
本期生产费用	65709.38	87370.00	113879.79	266959.17
合计	65709.38	87370.00	113879.79	266959.17
完工产品成本	65709.38	87370.00	113879.79	266959.17
单位成本	32.85	43.69	56.94	133.48
期末在产品成本				

10325 销售会计——收到销售预收款

经济业务	收到销售预收款	更新时间		经济业务摘要
岗　　位	销售会计	级　　别	初级	收到销售预收款
工作方式	手工			

经济业务内容

上海车爵士汽车美容有限公司订购速腾 NCS 地毯，当日预收 30% 款项。

经济业务处理要求

销售预收业务处理：审核销售发票、“支付业务回单（收款）”，分析经济业务，确认销货预收款。依据相关原始凭证，参照销售预收业务处理流程，运用借贷记账法编制记账凭证，登记相关账簿。

注意销售预收业务会计处理规则，正确运用会计科目。

经济业务流程

上海光华汽车毯业有限公司

流程名称：销售预收业务流程

流程代码：GH10910325

更新时间：2019年12月

风险点：

部门名称：	审批人：	
主责岗位：	会签	
编 辑 人：		

流 程 图	流程描述
开始	
NO.1 收到采购订单	NO.1 公司收到客户下发的采购订单。
NO.2 上报采购订单	NO.2 销售人员对采购订单进行分析、数据方面的总结，并上报部门经理。
NO.3 部门经理审批	NO.3 部门经理对上报的采购订单结合公司实际情况进行审批。
NO.4 签订销售合同	NO.4 风险点管控措施 审批通过后，销售人员根据公司规定与客户签订销售合同。
NO.5 客户支付货款	NO.5 客户根据合同要求支付货款。
NO.6 出纳收到货款入账	NO.6 风险点管控措施 出纳根据合同签订内容对收到的货款进行核对，核对无误后登记相关账目。
NO.7 销售会计登记入账	NO.7 销售会计对此业务按照公司规定登记入账。
结束	

支付业务回单（收款） 招商银行

交易日期：2019-12-31　借贷标志：贷　通道：小额支付系统

业务类型：普通汇兑　业务种类：网银支付

付款人账号：6225088131713445　收款人账号：5008888128888869

付款人名称：上海车爵士汽车美容有限公司　收款人名称：上海光华汽车毯业有限公司

付款人开户行：招商银行宝山支行　收款人开户行：招商银行古北路支行

币种：人民币　金额：（大写）壹拾万零叁仟伍佰元整　（小写）¥103500.00

报文标识号：2014123100006857

明细标识号：2041528500004064

交易：销售

记账流水号：557E1EA222A050C0E1008000C500421C

招商银行股份有限公司 电子回单专用章

登录号：152436800　网点编号：1234　打印状态：正常

客户验证码：80002433763762003[illegible]　柜员号：12341034　打印方式：自助　打印日期：2019-12-31 09:49:36

经济业务证明（外来原始凭证）

编码：J109172-10325

支付业务回单（收款） 

交易日期：2019-12-31　借贷标志：借　通道：小额支付系统

业务类型：普通汇兑　业务种类：网银支付

付款人账号：6225088131713445　收款人账号：5008888128888889

付款人名称：上海车爵士汽车美容有限公司　收款人名称：上海光华汽车毯业有限公司

付款人开户行：招商银行宝山支行　收款人开户行：招商银行古北路支行

币种：人民币　金额：（大写）壹拾万零叁仟伍佰元整　（小写）¥103500.00

报文标识号：2019123100006857

明细标识号：2041528500004064

交易：销售

记账流水号：557E1EA222A050C0E1008000C500421C

招商银行股份有限公司
电子回单专用章

登录号：152436800　网点编号：1234　打印状态：正常

客户验证码：80002433703762008b　柜员号：12341034　打印方式：自助　打印日期：2019-12-31 09:40:36

10826 综合会计——报销交通费

<table>
<tr><td>经济业务</td><td>报销交通费</td><td>更新时间</td><td></td><td>经济业务摘要</td></tr>
<tr><td>岗　　位</td><td>综合会计</td><td>级　　别</td><td>初级</td><td rowspan="2">张艳报销交通费</td></tr>
<tr><td>工作方式</td><td colspan="3">手工</td></tr>
</table>

经济业务内容

销售部张艳开车到镇江与客户签订合同，以电子银行转账支付交通费。

经济业务处理要求

费用报销业务处理：审核相关发票，分析经济业务，进行费用确认，填制费用报销单。依据相关原始凭证，参照费用报销业务处理流程，运用借贷记账法编制记账凭证，登记相关账簿。

注意销售费用特点及列支范围，正确运用会计科目。

经济业务流程

上海光华汽车毯业有限公司

流程名称：报销交通费业务流程

流程代码：GH11110826

更新时间：2019年12月

风险点：

部门名称：	审批人：	
主责岗位：	会签	
编 辑 人：		

流 程 图	流程描述

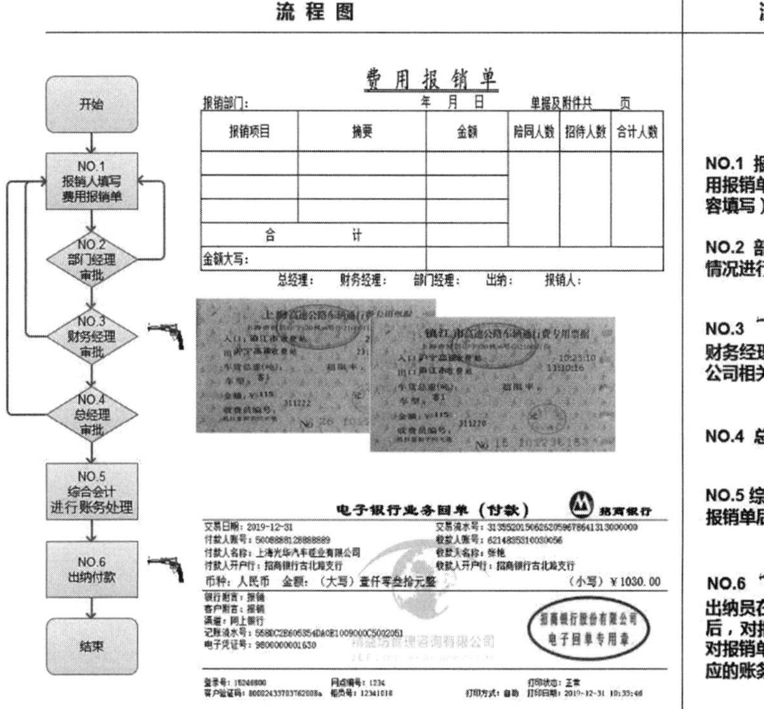

NO.1 报销人根据原始票据填写费用报销单（要求：按照报销单内容填写）。

NO.2 部门经理根据报销人实际情况进行审批。

NO.3 风险点管控措施
财务经理根据报销单内容，结合公司相关规定进行审批。

NO.4 总经理对报销单进行审批。

NO.5 综合会计在接到审批通过的报销单后进行相关的账务处理。

NO.6 风险点管控措施
出纳员在综合会计进行账务处理后，对报销单进行付款，同时，对报销单与相关付款凭证进行相应的账务处理。

经济业务证明（外来原始凭证）

编码：J112176-10826

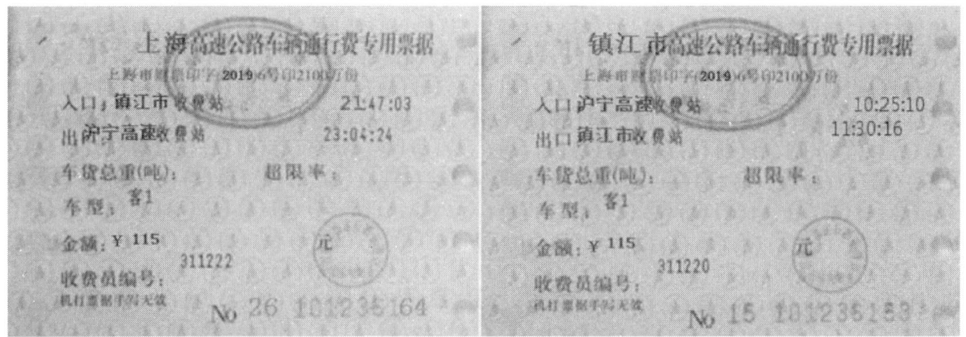

上海高速公路车辆通行费专用票据
入口：镇江市收费站 21:47:03
出口：沪宁高速收费站 23:04:24
车货总重(吨)： 超限率：
车型：客1
金额：¥ 115 元
收费员编号：311222
机打票据手写无效
No 26 101235164

镇江市高速公路车辆通行费专用票据
入口：沪宁高速收费站 10:25:10
出口：镇江市收费站 11:30:16
车货总重(吨)： 超限率：
车型：客1
金额：¥ 115 元
收费员编号：311220
机打票据手写无效
No 15 101235183

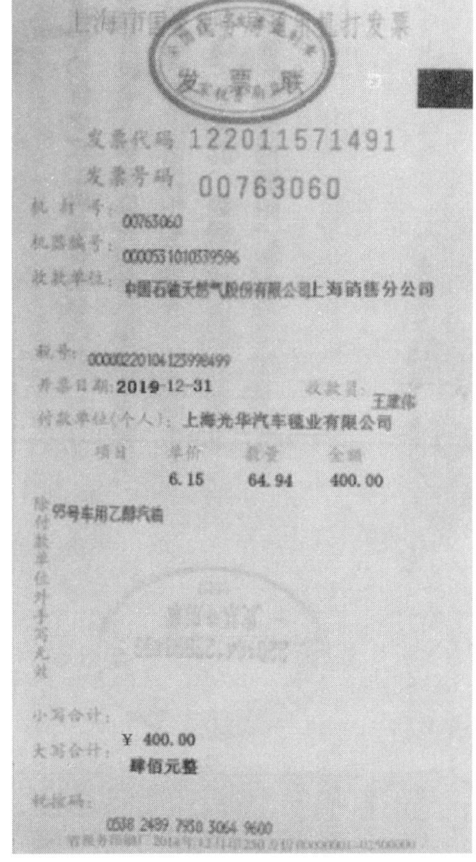

上海市国家税务局通用机打发票
发票联
发票代码 122011571491
发票号码 00763060
机打号：00763060
机器编号：000053101039596
收款单位：中国石油天然气股份有限公司上海销售分公司
税号：000002201041259984499
开票日期：2019-12-31 收款员：王建伟
付款单位（个人）：上海光华汽车租业有限公司

项目	单价	数量	金额
95号车用乙醇汽油	6.15	64.94	400.00

除付款单位外手写无效
小写合计：¥ 400.00
大写合计：肆佰元整
税控码：0538 2489 7950 3064 9600

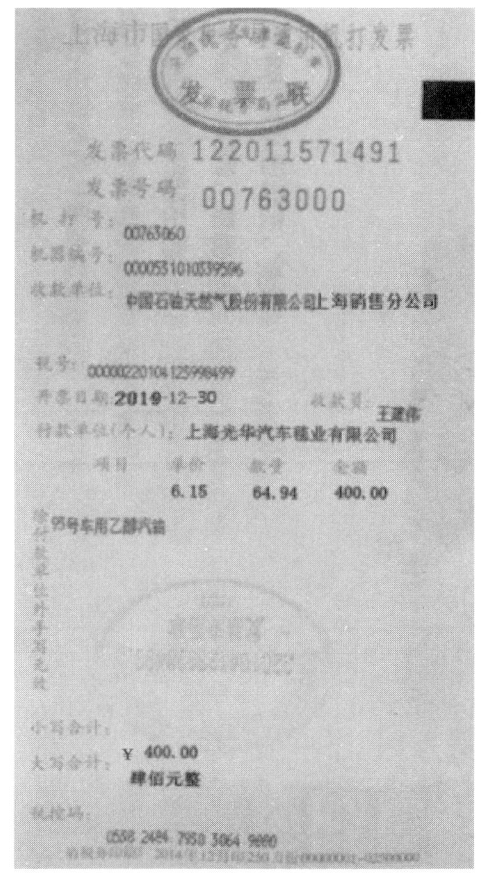

上海市国家税务局通用机打发票
发票联
发票代码 122011571491
发票号码 00763000
机打号：00763060
机器编号：000053101039596
收款单位：中国石油天然气股份有限公司上海销售分公司
税号：000002201041259984499
开票日期：2019-12-30 收款员：王建伟
付款单位（个人）：上海光华汽车租业有限公司

项目	单价	数量	金额
95号车用乙醇汽油	6.15	64.94	400.00

除付款单位外手写无效
小写合计：¥ 400.00
大写合计：肆佰元整
税控码：0538 2484 7950 3064 9880

编码：J108177-10826

电子银行业务回单（付款）

交易日期：2019-12-31　　交易流水号：31355201506262059678641313000000

付款人账号：5008888128888889　　收款人账号：6214835310030056

付款人名称：上海光华汽车毯业有限公司　　收款人名称：张艳

付款人开户行：招商银行古北路支行　　收款人开户行：招商银行古北路支行

币种：人民币　金额：（大写）壹仟零叁拾元整　　（小写）¥1030.00

银行附言：报销

客户附言：报销

渠道：网上银行

记账流水号：558DC2E605354DA0E1009000C5002051

电子凭证号：9800000001630

招商银行股份有限公司
电子回单专用章

登录号：15246800　网点编号：1234　打印状态：正常

客户验证码：80002433703762008a　柜员号：12341018　打印方式：自助　打印日期：2019-12-31 10:33:46

经济业务证明（自制原始凭证）

编码：J208178-10826

费用报销单

报销部门：销售部　　2019年12月31日　　单据及附件共 4 页

报销项目	摘要	金额	陪同人数	招待人数	合计人数
	报销交通费	¥1030.00			
合　计		¥1030.00			
金额（大写）：⊗壹仟零叁拾元整					

总经理：孙梦　财务经理：张书妍　部门经理：唐军　出纳：赵梦　报销人：张艳

10327 销售会计——收到银行承兑汇票

经济业务	收到银行承兑汇票	更新时间		经济业务摘要
岗　　位	销售会计	级　　别	初级	收到银行承兑汇票
工作方式	手工			

经济业务内容

收到一汽大众有限公司一张期限为 6 个月的银行承兑汇票，用于支付前期货款。

经济业务处理要求

销售收款业务处理：审核银行承兑汇票，分析经济业务，确认销售货款。依据相关原始凭证，参照销售收款业务处理流程，运用借贷记账法编制记账凭证，登记相关账簿。

注意银行承兑汇票业务特点及其会计处理规则，正确运用会计科目。

经济业务流程

上海光华汽车毯业有限公司

流程名称：收到银行承兑汇票业务流程

流程代码：GH11910327

更新时间：2019年12月

风险点：

部门名称：	审批人：	
主责岗位：	会签	
编 辑 人：		

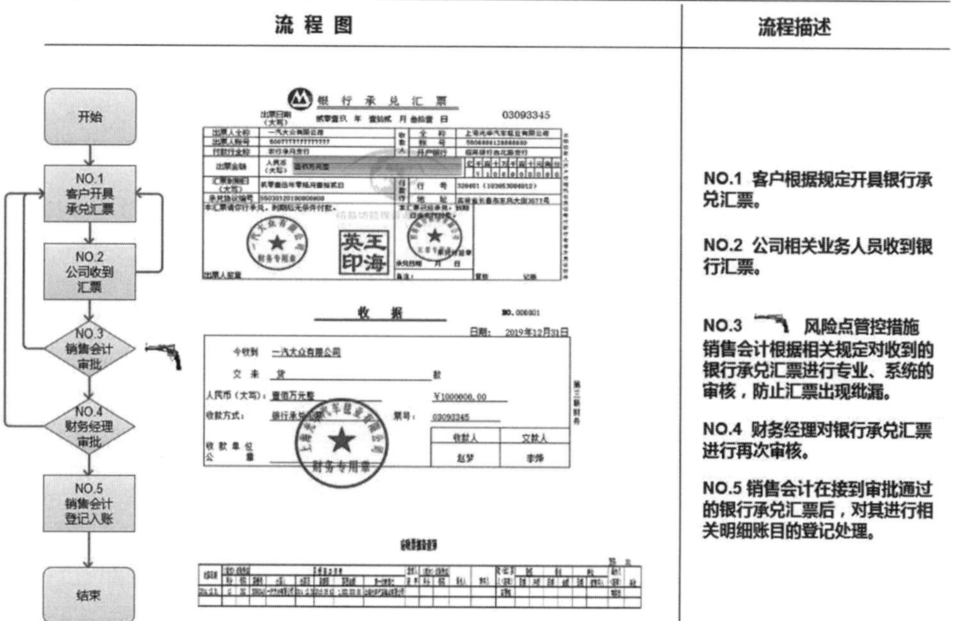

NO.1 客户根据规定开具银行承兑汇票。

NO.2 公司相关业务人员收到银行汇票。

NO.3 风险点管控措施 销售会计根据相关规定对收到的银行承兑汇票进行专业、系统的审核，防止汇票出现纰漏。

NO.4 财务经理对银行承兑汇票进行再次审核。

NO.5 销售会计在接到审批通过的银行承兑汇票后，对其进行相关明细账目的登记处理。

经济业务证明（外来原始凭证）

编码：J111182-10327

银行承兑汇票

出票日期（大写） 贰零壹玖 年 壹拾贰 月 叁拾壹 日

3093345

<table>
<tr><td>出票人全称</td><td>一汽大众有限公司</td><td rowspan="3">收款人</td><td>全　称</td><td colspan="12">上海光华汽车毯业有限公司</td></tr>
<tr><td>出票人账号</td><td>5007777777777777</td><td>账　号</td><td colspan="12">5008888128888889</td></tr>
<tr><td>付款行全称</td><td>农行净月支行</td><td>开户银行</td><td colspan="12">招商银行古北路支行</td></tr>
<tr><td rowspan="2">出票金额</td><td rowspan="2" colspan="3">人民币（大写） 壹佰万元整</td><td>亿</td><td>千</td><td>百</td><td>十</td><td>万</td><td>千</td><td>百</td><td>十</td><td>元</td><td>角</td><td>分</td></tr>
<tr><td></td><td>¥</td><td>1</td><td>0</td><td>0</td><td>0</td><td>0</td><td>0</td><td>0</td><td>0</td><td>0</td></tr>
<tr><td>汇票到期日（大写）</td><td>贰零贰零年零陆月叁拾壹日</td><td rowspan="2">付款行</td><td>行　号</td><td colspan="12">320401（103653004012）</td></tr>
<tr><td>承兑协议编号</td><td>55030120100000900</td><td>地　址</td><td colspan="12">吉林省长春市东风大街3577号</td></tr>
<tr><td colspan="2">本汇票请你行承兑，到期后无条件付款。
一汽大众有限公司 财务专用章
王英海印
出票人签章</td><td colspan="2">本汇票已经承兑，到期日由本行付款。
招商银行股份有限公司 汇票专用章
承兑行签章
承兑日期12月31日</td><td colspan="12"></td></tr>
<tr><td colspan="2"></td><td colspan="2">备注：一汽大众承兑</td><td colspan="12">复核　　　记账</td></tr>
</table>

此联收款人开户行随托收凭证寄付款行作借方凭证附件

经济业务证明（自制原始凭证）

收　据

NO.000001

日期：2019年12月31日

今收到 一汽大众有限公司

交来货款

人民币（大写）：⊗壹佰万元整　　¥1000000.00

收款方式：银行承兑汇票　　票号：03093345

收款单位公章（上海光华汽车毯业有限公司 财务专用章）

收款人	交款人
赵梦	李烨

第三联：财务

编码：J225183-10327

应收票据备查簿

页码：001

收票日期	（增加）记账凭证		票据账本借款						复核人签字	（减少）记账凭证		承兑人	背书人	取（送）票人（签章）	贴现		承兑		转让		经办人（签章）	备注
	月份	号码	票据号	出票人	出票日	到期日	票面金额	第一收款单位		月份	号码				日期	净额	日期	金额	日期	被背书人		
2019.12.31	12	32	3093345	一汽大众有限公司	2019.12.31	2020.06.31	1000000.00	上海光华毯业有限公司						王丽梅							南翔云	

10828 综合会计——支付会议费

<table>
<tr><td>经济业务</td><td>支付会议费</td><td>更新时间</td><td></td><td>经济业务摘要</td></tr>
<tr><td>岗　　位</td><td>综合会计</td><td>级　　别</td><td>初级</td><td rowspan="2">支付会议费</td></tr>
<tr><td>工作方式</td><td colspan="3">手工</td></tr>
</table>

经济业务内容

公司在上海希尔顿酒店组织销售年底冲刺大会，以电子银行转账支付酒店会议费。

经济业务处理要求

费用支出业务处理。审核发票、“电子银行业务回单（付款）”，分析经济业务，进行费用确认，填制费用报销单。依据相关原始凭证，参照费用支出业务处理流程，运用借贷记账法编制记账凭证，登记相关账簿。

注意分析费用性质并正确列支，正确运用会计科目。

经济业务流程

上海光华汽车毯业有限公司

流程名称：支付会议费用业务流程
流程代码：GH10610828
更新时间：2019年12月
风险点：

部门名称：	审批人：	
主责岗位：	会签	
编 辑 人：		

流 程 图	流程描述

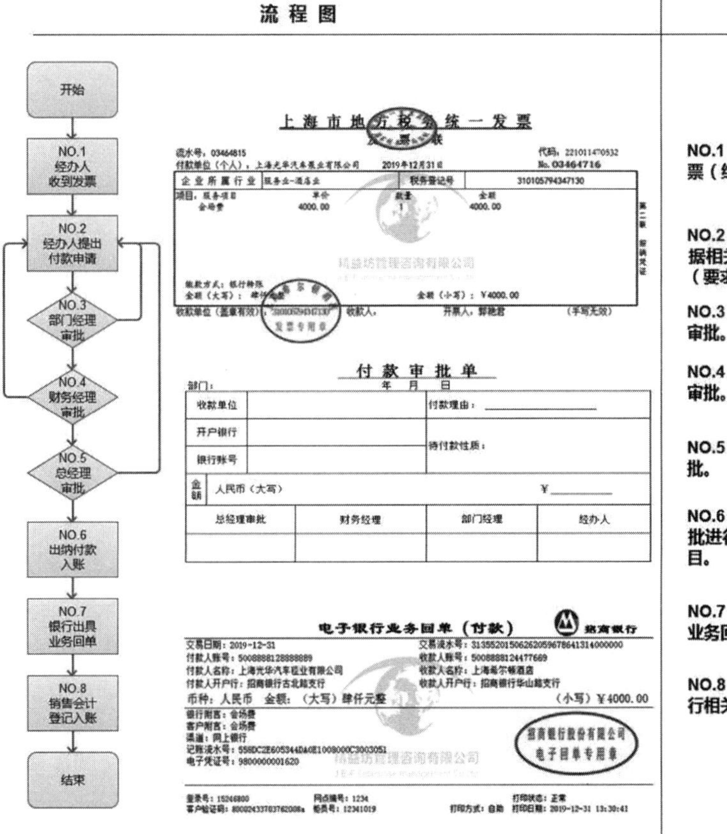

上海市地方税务统一发票

发票联

流水号：03464815　代码：221011470532
付款单位（个人）：上海光华汽车毯业有限公司　2019年12月31日　No. 03464716

企业所属行业	服务业-酒店业	税务登记号	310105794347130

项目：服务项目	单价	数量	金额
会场费	4000.00	1	4000.00

结款方式：银行转账
金额（大写）：肆仟元整　金额（小写）：￥4000.00
收款单位（盖章有效）：　收款人：　开票人：郭艳君　（手写无效）

付款审批单

部门：　年　月　日

收款单位		付款理由：
开户银行		待付款性质：
银行账号		
金额	人民币（大写）	￥

总经理审批	财务经理	部门经理	经办人

电子银行业务回单（付款）　招商银行

交易日期：2019-12-31　交易流水号：31355201506262059678641314000000
付款人账号：500888812888889　收款人账号：500888124477669
付款人名称：上海光华汽车毯业有限公司　收款人名称：上海希尔顿酒店
付款人开户行：招商银行古北路支行　收款人开户行：招商银行华山路支行
币种：人民币　金额：（大写）肆仟元整　（小写）￥4000.00
银行附言：会场费
客户附言：会场费
渠道：网上银行
记账流水号：556DC2E605344DA0E1008000C3003051
电子凭证号：9800000001620
招商银行股份有限公司电子回单专用章
登录号：15246800　网点编号：1234　打印状态：正常
客户验证码：80002433703762008a　柜员号：12341019　打印方式：自助　打印日期：2019-12-31 13:30:41

NO.1 经办人收到相关付款证明发票（经办人需对发票进行检查）。

NO.2 经办人提出付款申请，并根据相关原始票据填写付款审批单（要求：按照内容正确填写）。

NO.3 部门经理根据实际情况进行审批。

NO.4 财务经理对付款审批单进行审批。

NO.5 总经理对付款审批单进行审批。

NO.6 出纳对审批通过后的付款审批进行付款，并登记相关明细账目。

NO.7 付款结束后，银行出具相关业务回单。

NO.8 销售会计对发票以及回单进行相关账目的入账登记。

经济业务证明（外来原始凭证）

编码：J104187-10828

上海市地方税务统一发票

发票联

流水号：03464815　　代码：221011470532

付款单位（个人）：上海光华汽车泵业有限公司　　2019年12月31日　　No.03464716

企业所属行业	服务业－酒店业	税务登记号	310105794347130
服务项目	单价	数量	金额
会场费	4000.00	1	4000.00
缴款方式：现金			
金额（大写）：肆仟元整		金额（小写）：¥4000.00	

第二联：报销凭证

收款单位（盖章有效）　收款人：　开票人：郭艳君　（手写无效）

（印章：上海希尔顿酒店 310105794347130 发票专用章）

编码：J108188-10828

电子银行业务回单（付款）

招商银行

交易日期：2019-12-31　　交易流水号：31355201506262059678641314000000

付款人账号：5008888128888889　　收款人账号：5008888124477669

付款人名称：上海光华汽车毯业有限公司　　收款人名称：上海希尔顿酒店

付款人开户行：招商银行古北路支行　　收款人开户行：招商银行华山路支行

币种：人民币　金额：（大写）肆仟元整　　（小写）¥4000.00

银行附言：会场费

客户附言：会场费

渠道：网上银行

记账流水号：558DC2E605344DA0E1008000C3003051

电子凭证号：9800000001620

（印章：招商银行股份有限公司 电子回单专用章）

登录号：15246800　　网点编号：1234　　打印状态：正常

客户验证码：80002433703762008a　　柜员号：12341019　　打印方式：自助　　打印日期：2019-12-31 13:30:41

经济业务证明（自制原始凭证）

编码：J208189-10828

付款审批单

部门：销售部　　2019年12月31日

收款单位	上海希尔顿酒店	付款理由：支付会议费	
开户银行	招商银行华山路支行	待付款性质：现款现货	
银行账号	5008888124477660		
金额	人民币（大写）：⊗肆仟元整		¥4000.00
总经理审批	财务经理	部门经理	经办人
孙梦	张书妍	唐军	赵亮

10829 综合会计——支付广告费

<table>
<tr><td>经济业务</td><td>支付广告费</td><td>更新时间</td><td></td><td>经济业务摘要</td></tr>
<tr><td>岗　　位</td><td>综合会计</td><td>级　　别</td><td>初级</td><td rowspan="2">支付广告费</td></tr>
<tr><td>工作方式</td><td colspan="3">手工</td></tr>
</table>

经济业务内容

以电子银行转账支付上海百联集团股份有限公司广告费 。

经济业务处理要求

销售费用支出业务处理：审核增值税发票、“电子银行业务回单（付款）”，分析经济业务，进行费用确认，填制费用报销单。依据相关原始凭证，参照销售费用支出业务处理流程，运用借贷记账法编制记账凭证，登记相关账簿。

注意销售费用科目核算范围及费用性质分析，正确运用会计科目。

经济业务流程

上海光华汽车毯业有限公司

流程名称：支付广告费业务流程

流程代码：GH10610829

更新时间：2019年12月

风险点：

部门名称：	审批人：	
主责岗位：	会 签	
编 辑 人：		

流 程 图	流程描述

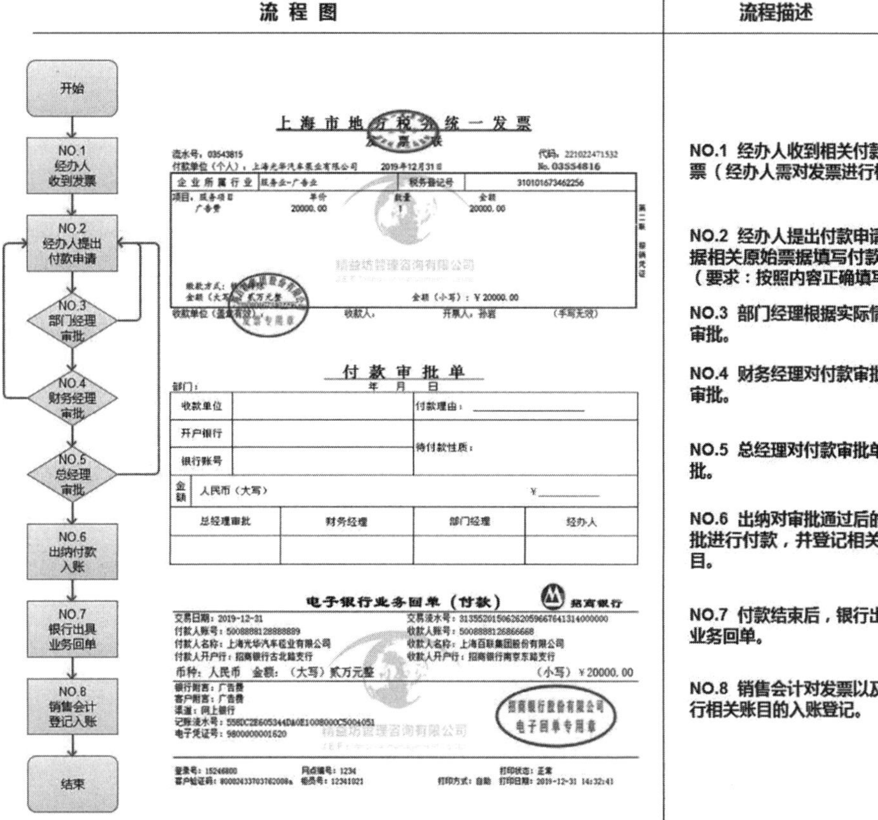

上海市地方税务统一发票

发票联

流水号：03543815　　代码：221022471532

付款单位（个人）：上海光华汽车毯业有限公司　2019年12月31日　No.03554816

企业所属行业	服务业-广告业	税务登记号	310101673462256

项目：服务项目	单价	数量	金额
广告费	20000.00	1	20000.00

收款方式：

金额（大写）：贰万元整　　金额（小写）：￥20000.00

收款单位（盖章有效）：　收款人：　开票人：孙蓉　（手写无效）

付款审批单

部门：　　年　月　日

收款单位		付款理由：________
开户银行		待付款性质：
银行账号		
金额	人民币（大写）	￥________

总经理审批	财务经理	部门经理	经办人

电子银行业务回单（付款）　招商银行

交易日期：2019-12-31　　交易流水号：313552015062620596676413140000000

付款人账号：500888812888889　　收款人账号：500888812686668

付款人名称：上海光华汽车毯业有限公司　　收款人名称：上海百联集团股份有限公司

付款人开户行：招商银行古北路支行　　收款人开户行：招商银行南京东路支行

币种：人民币　金额：（大写）贰万元整　　（小写）￥20000.00

银行附言：广告费

客户附言：广告费

渠道：网上银行

记账流水号：558DC2E605344DA0E1008000C5004051

电子凭证号：980000001620

招商银行股份有限公司 电子回单专用章

登录号：15246800　网点编号：1234　打印状态：正常

客户验证码：8000243370376208a　柜员号：12341021　打印方式：自助　打印日期：2019-12-31 14:32:41

NO.1 经办人收到相关付款证明发票（经办人需对发票进行检查）。

NO.2 经办人提出付款申请，并根据相关原始票据填写付款审批单（要求：按照内容正确填写）。

NO.3 部门经理根据实际情况进行审批。

NO.4 财务经理对付款审批单进行审批。

NO.5 总经理对付款审批单进行审批。

NO.6 出纳对审批通过后的付款审批进行付款，并登记相关明细账目。

NO.7 付款结束后，银行出具相关业务回单。

NO.8 销售会计对发票以及回单进行相关账目的入账登记。

经济业务证明（外来原始凭证）

编码：J104193-10829

上海市地方税务统一发票

（印章：全国统一发票监制章 上海市 地方税务局）

发票联

流水号：03543815　　　　代码：221022471532

付款单位（个人）：上海光华汽车泵业有限公司　　2019年12月31日　　No.03554816

企业所属行业	服务业——广告业	税务登记号	310101673462256

服务项目	单价	数量	金额
广告费	20000.00	1	20000.00

缴款方式：银行转账

金额（大写）：贰万元整　　金额（小写）：¥20000.00

（印章：上海百联集团股份有限公司 310101673462256 发票专用章）

收款单位（盖章有效）：　收款人：　开票人：孙岩　（手写无效）

第二联：报销凭证

编码：J104194-10829

电子银行业务回单（付款）

招商银行

交易日期：2019-12-31　　交易流水号：31355201506262059667641314000000

付款人账号：5008888128888889　　收款人账号：5008888126866668

付款人名称：上海光华汽车毯业有限公司　　收款人名称：上海百联集团股份有限公司

付款人开户行：招商银行古北路支行　　收款人开户行：招商银行南京东路支行

币种：人民币　金额：（大写）贰万元整　　（小写）¥20000.00

银行附言：广告费

客户附言：广告费

渠道：网上银行

记账流水号：558DC2E605344DA0E1008000C5004051

电子凭证号：9800000001620

（印章：招商银行股份有限公司 电子回单专用章）

登录号：15246800　　网点编号：1234　　打印状态：正常

客户验证码：80002433703762008a　　柜员号：12341021　　打印方式：自助　　打印日期：2019-12-31 14:32:41

经济业务证明（自制原始凭证）

编码：J208195-10829

付款审批单

部门：销售部　　　　2019年12月31日

收款单位	上海百联集团股份有限公司	付款理由：支付广告费	
开户银行	招商银行南京东路支行	待付款性质：现款现货	
银行账号	5008888126866660		
金额	人民币（大写）：⊗贰万元整		¥20000.00
总经理审批	财务经理	部门经理	经办人
孙梦	张书妍	唐军	赵亮

10630 税务会计——缴纳税金及附加

<table>
<tr><td>经济业务</td><td>缴纳税金及附加</td><td>更新时间</td><td></td><td>经济业务摘要</td></tr>
<tr><td>岗　　位</td><td>税务会计</td><td>级　　别</td><td>初级</td><td rowspan="2">缴纳11月份税金及附加</td></tr>
<tr><td>工作方式</td><td colspan="3">手工</td></tr>
</table>

经济业务内容

对12月份以电子银行转账支付的税金及附加做账务处理。

经济业务处理要求

税费缴纳业务处理：审核电子缴税付款凭证及“电子银行业务回单（付款）”，分析经济业务，进行城市维护建设税、教育费附加及地方教育附加的确认与计量。依据相关原始凭证，参照税费缴纳业务处理流程，运用借贷记账法编制记账凭证，登记相关账簿。

注意城市维护建设税、教育费附加及地方教育附加的范围及费用性质，正确运用会计科目。

经济业务流程

上海光华汽车毯业有限公司

流程名称：缴纳税费业务流程（营业税附加）

流程代码：GH12010630

更新时间：2019年12月

风险点：

部门名称：	审批人：	
主责岗位：	会签	
编 辑 人：		

流 程 图	流程描述

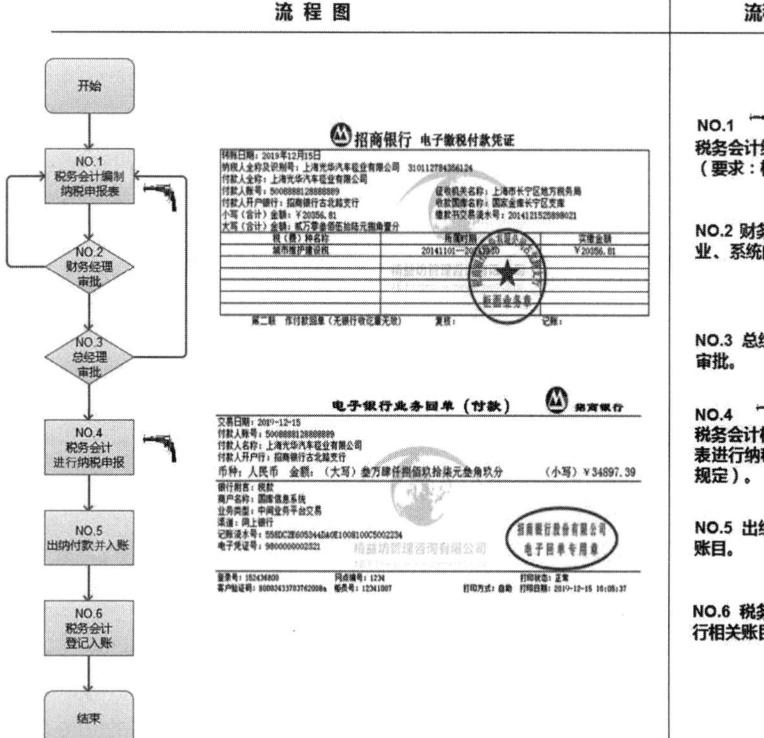

NO.1 风险点管控措施
税务会计编制纳税及附加纳税申报表（要求：根据国家规定进行填写）。

NO.2 财务经理对纳税申报表进行专业、系统的审核后方可审批。

NO.3 总经理在了解纳税情况后进行审批。

NO.4 风险点管控措施
税务会计根据审批通过后的纳税申报表进行纳税申报（注：严格执行国家规定）。

NO.5 出纳进行付款并登记相关明细账目。

NO.6 税务会计根据相关业务回单进行相关账目的入账登记。

经济业务证明（外来原始凭证）

编码：J118199-10630

招商银行　电子缴税付款凭证

转账日期：2019年12月15日
纳税人全称及识别号：上海光华汽车毯业有限公司 310112784356124
付款人全称：上海光华汽车毯业有限公司
付款人账号：5008888128888889　　征收机关名称：上海市长宁区地方税务局
付款人开户银行：招商银行古北路支行　　收款国库名称：国家金库长宁区支库
小写（合计）金额：￥14540.58　　缴款书交易流水号：2014121524898153
大写（合计）金额：壹万肆仟伍佰肆拾元伍角捌分

税（费）种名称	所属时期	实缴金额
教育费附加	20191101--20191130	￥8724.35
地方教育附加	20191101--20191130	￥5816.23

招商银行股份有限公司古北路支行 柜面业务章

第二联　作付款回单（无银行收讫章无效）　　复核：　　记账：

编码：J118200-10630

招商银行　电子缴税付款凭证

转账日期：2019年12月15日
纳税人全称及识别号：上海光华汽车毯业有限公司 310112784356124
付款人全称：上海光华汽车毯业有限公司
付款人账号：5008888128888889　　征收机关名称：上海市长宁区地方税务局
付款人开户银行：招商银行古北路支行　　收款国库名称：国家金库长宁区支库
小写（合计）金额：￥20356.81　　缴款书交易流水号：2014121525898021
大写（合计）金额：贰万零叁佰伍拾陆元捌角壹分

税（费）种名称	所属时期	实缴金额
城市维护建设税	20191101--20191130	￥20356.81

招商银行股份有限公司古北路支行 柜面业务章

第二联　作付款回单（无银行收讫章无效）　　复核：　　记账：

编码：J108201-10630

电子银行业务回单（付款） 

交易日期：2019-12-15

付款人账号：5008888128888889

付款人名称：上海光华汽车毯业有限公司

付款人开户行：招商银行古北路支行

币种：人民币　金额：（大写）叁万肆仟捌佰玖拾柒元叁角玖分　（小写）￥34897.39

银行附言：税款

商户名称：国库信息系统

业务类型：中间业务平台交易

渠道：网上银行

记账流水号：558DC2E605344DA0E1008100C5002234

电子凭证号：9800000002321

招商银行股份有限公司
电子回单专用章

登录号：152436800　网点编号：1234　打印状态：正常

客户验证码：80002433703762008a　柜员号：12341007　打印方式：自助　打印日期：2019-12-15 10:05:37

10331 销售会计——支付物流费

<table>
<tr><td>经济业务</td><td>支付物流费</td><td>更新时间</td><td></td><td>经济业务摘要</td></tr>
<tr><td>岗　　位</td><td>销售会计</td><td>级　　别</td><td>初级</td><td rowspan="2">支付物流费</td></tr>
<tr><td>工作方式</td><td colspan="3">手工</td></tr>
</table>

经济业务内容

收到大众物流有限公司开具的货物运输业增值税专用发票，以电子银行转账支付。

经济业务处理要求

物流费支付业务处理：审核增值税专用发票，分析经济业务，办理电子银行转账支付手续。依据相关原始凭证，参照物流费支付业务处理流程，运用借贷记账法编制记账凭证，登记相关账簿。

注意货物运输增值税计税税率及计算，正确运用会计科目。

经济业务流程

上海光华汽车毯业有限公司

流程名称：支付物流费业务流程

流程代码：GH10610331

更新时间：2019年12月

风险点：

部门名称：	审批人：	
主责岗位：	会签	
编 辑 人：		

流程图	流程描述
开始	
NO.1 公司收到发票	NO.1 公司收到物流企业开具的相关业务发票。
NO.2 经办人检查并提出申请	NO.2 经办人对收到的发票进行检查，根据发票相关内容提出付款申请，并填写付款审批单。
NO.3 部门经理审批	NO.3 经办人部门经理对所申请内容根据实际情况进行审批。
NO.4 财务经理审批	NO.4 财务经理对审批单以及发票进行审核，审核无误后进行审批。
NO.5 总经理审批	NO.5 总经理对付款审批进行审核。
NO.6 出纳付款入账	NO.6 风险点管控措施 出纳员对审核通过后的付款审批进行付款，并对其相关的明细账目进行入账登记。
NO.7 销售会计登记入账	NO.7 销售会计对完成付款后的业务进行入账登记。
NO.8 税务会计登记入账	NO.8 税务会计对相关税费进行入账登记。
结束	

货物运输业增值税专用发票

3400124731　　No.00110023

开票日期：2019年12月31日

合计金额 ￥9009.01　税率 11%　税额 ￥992.99　机器编号 589900131

价税合计（大写）　（小写）￥10000.00

开票人：王颖

电子银行业务回单（付款）　招商银行

交易日期：2019-12-31　交易流水号：31355201512182058678641313005481

付款人账号：500888812888889

收款人账号：500888812887878　收款人名称：大众物流有限公司

付款人开户行：招商银行古北路支行　收款人开户行：招商银行丁香路支行

币种：人民币　金额：（大写）壹万元整　（小写）￥10000.00

银行附言：物流费

客户附言：物流费

渠道：网上银行

电子凭证号：9800000001921

招商银行股份有限公司 电子回单专用章

打印日期：2019-12-31 13:56:11

付款审批单

部门：　　年　月　日

收款单位		付款理由：
开户银行		待付款性质：
银行账号		
金额	人民币（大写）	￥

总经理审批	财务经理	部门经理	经办人

经济业务证明（外来原始凭证）

编码：J107207-10331

货物运输业增值税专用发票

No.00110023

机器编号：3400124731

开票日期：2019年12月31日

承运人及纳税人识别号	大众物流有限公司 310410973847365	密码区	554+55+389-98954513301-/<5> 0-+>6*>/>839>->/8<-80+83267 0828+26*1-/3+>>70484*/1<01- /<5>0+>6*>/>831>49+834*14<
实际受票方及纳税人识别号	上海光华汽车毯业有限公司 310410585857889		
收货人及纳税人识别号	一汽大众有限公司 220104502940381	发货人及纳税人识别号	上海光华汽车毯业有限公司 310410585857889
起运地、经由、到达地	上海-长春		
费用项目及金额	费用项目 金额 费用项目 金额 产品运费 9009.01	运输货物信息	运输速腾NCS地毯7800张
合计金额	￥9009.01	税率 9% 税额 ￥810.81	机器编号 589900131
价税合计（大写）	⊗玖仟捌佰壹拾玖元捌角贰分	（小写）	￥9819.82
车种车号	沪A88406挂J701	车船吨位	备注：从上海运输到长春市7800张地毯，开具发票
主营税务机关及代码	上海市国家税务局 131001570151		

第三联：发票联 受票方记账凭证

收款人：　　复核人：　　开票人：王楠　　承运人：

编码：J108208-10331

电子银行业务回单（付款）

交易日期：2019-12-31　　交易流水号：31355201512182059678641313005481

付款人账号：5008888128888889　　收款人账号：5008888128887878

收款人账号：5008888128887878　　收款人名称：大众物流有限公司

付款人开户行：招商银行古北路支行　　收款人开户行：招商银行丁香路支行

币种：人民币　金额：（大写）玖仟捌佰壹拾玖元捌角贰分　　（小写）￥9819.82

银行附言：物流费

客户附言：物流费

渠道：网上银行

记账流水号：558DC2E605344DA0E1008000C5007056

电子凭证号：9800000001921

招商银行股份有限公司 电子回单专用章

登录号：152436800　　网点编号：1254　　打印状态：正常

客户验证码：80002433703762008a　　柜员号：12341009　　打印方式：自助　　打印日期：2019-12-31 13:56:31

经济业务证明（自制原始凭证）

编码：J220209-10331

付款审批单

部门：销售部　　　　　　　　　　2019年12月31日

<table>
<tr><td colspan="2">收款单位</td><td>大众物流有限公司</td><td colspan="2">付款理由：支付物流费</td></tr>
<tr><td colspan="2">开户银行</td><td>招商银行丁香路支行</td><td colspan="2" rowspan="2">待付款性质：现款现货</td></tr>
<tr><td colspan="2">银行账号</td><td>5008888128887878</td></tr>
<tr><td>金额</td><td colspan="4">人民币（大写）：⊗玖仟捌佰壹拾玖元捌角贰分　　¥9819.82</td></tr>
<tr><td colspan="2">总经理审批</td><td>财务经理</td><td>部门经理</td><td>经办人</td></tr>
<tr><td colspan="2">孙梦</td><td>张书妍</td><td>唐军</td><td>张艳</td></tr>
</table>

10332 销售会计——销售前围面板及保险杠

<table>
<tr><td>经济业务</td><td>销售前围面板及保险杠</td><td>更新时间</td><td></td><td>经济业务摘要</td></tr>
<tr><td>岗　　位</td><td>销售会计</td><td>级　　别</td><td>初级</td><td rowspan="2">销售前围面板及保险杠</td></tr>
<tr><td>工作方式</td><td colspan="3">手工</td></tr>
</table>

经济业务内容

销售给一汽解放汽车有限公司前围面板及保险杠，开具增值税专用发票，款项已存入银行。

经济业务处理要求

销售业务处理：审核销售发票、“银行支付业务回单（收款）”、出库单，分析经济业务，确认销售。依据相关原始凭证，参照销售业务处理流程，运用借贷记账法编制记账凭证，登记相关账簿。

经济业务流程

上海光华汽车毯业有限公司

流程名称：销售业务流程
流程代码：GH10910332
更新时间：2019年12月
风险点：

部门名称：	审批人：	
主责岗位：	会签	
编辑人：		

流程图	流程描述

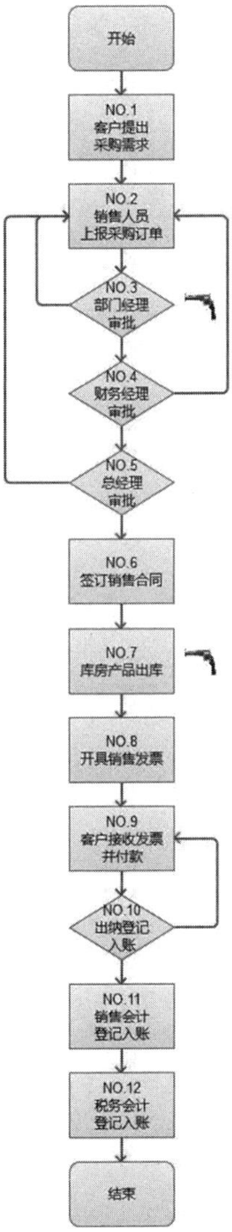

开始

NO.1 客户提出采购需求

NO.2 销售人员上报采购订单

NO.3 部门经理审批

NO.4 财务经理审批

NO.5 总经理审批

NO.6 签订销售合同

NO.7 库房产品出库

NO.8 开具销售发票

NO.9 客户接收发票并付款

NO.10 出纳登记入账

NO.11 销售会计登记入账

NO.12 税务会计登记入账

结束

产成品出库单

编号：12-31-001 库别：产成品仓 类型：销售出库 客户：一汽解放汽车有限公司 2019年12月31日

物料编码	物料名称	规格型号	计量单位	数量	批号	备注
CCP03	前围面板及保险杠	解放J5M（悍威）	件	2000	20141231001	销售给一汽解放

领用部门：营销部 领用人：王月 复核人：刘兴伟 库管员：赵玲玲

第三联：记账

增值税专用发票

1100143331 №12345697 1100143331 12345697

开票日期：2019年12月31日

购买方	
名称	一汽解放汽车有限公司
纳税人识别号	22010478432390
地址、电话	长春市东风大街76号 0431-87666666
开户行及账号	招商银行长春分行 6225088131713445

货物或应税劳务、服务名称	规格型号	单位	数量	单价	金额	税率	税额
前围面板及保险杠	解放J5M（悍威）	件	2000	268.38	536752.14	17%	91247.86
合计					¥536752.14		¥91247.86
价税合计（大写）	ⓧ陆拾贰万捌仟元整				（小写）¥628000.00		

销售方	
名称	上海光华汽车毯业有限公司
纳税人识别号	310112784356124
地址、电话	水城南路77号（长宁区）021-59116342
开户行及账号	招商银行古北路支行 5008888128888889
备注	销售前围面板及保险杠

收款人： 复核人： 开票人：南翔云 销货单位（章）：

第一联：记账联 销售方记账凭证

支付业务回单（收款） 招商银行

交易日期：2019-12-31 借贷标志：借 渠道：小额支付系统
业务类型：普通汇兑 业务种类：网银支付
付款人账号：6225088131713445 收款人账号：5008888128888889
付款人名称：一汽解放汽车有限公司 收款人名称：上海光华汽车毯业有限公司
付款人开户行：招商银行长春分行 收款人开户行：招商银行古北路支行
实际记账账号：5008888128888889 实际记账户名：上海光华汽车毯业有限公司
币种：人民币 金额：（大写）陆拾贰万捌仟元整 （小写）¥628000.00
报文标识号：2014123100006857
明细标识号：2041528500004064
交易：销售
记账流水号：557E1EA222A050C081008000C500421C
招商银行股份有限公司 电子回单专用章
登录号：152436800 网点编号：1234 打印状态：正常
客户验证码：80002433783762088a 柜员号：12341088 打印方式：自助 打印日期：2019-12-31 09:23:34

NO.1 公司收到客户的采购订单及采购需求。

NO.2 销售人员核实采购订单以及产品情况后进行汇总并上报采购订单。

NO.3 风险点管控措施
部门经理对上报内容结合本部门实际情况进行审批，同时拟订销售合同。

NO.4 财务经理对合同内容中的价款以及款项明细进行审批。

NO.5 总经理对合同总体情况，结合公司实际运营情况进行审批。

NO.6 公司与客户签订销售合同。

NO.7 风险点管控措施
库房根据合同内容对产品进行出库（按照出库流程出库），并登记相关明细账，开具相关出库证明。

NO.8 销售会计开具相关销售发票。

NO.9 客户收到发票并付款。

NO.10 出纳审查收到的货款，审核无误后进行相关账目的登记记录。

NO.11 销售会计对所发生业务进行相关账目的登记记录。

NO.12 税务会计对所发生业务进行相关账目的登记记录。

经济业务证明（外来原始凭证）

编码：J109214-10332

支付业务回单（收款）

交易日期：2019-12-31　借贷标志：借　通道：小额支付系统

业务类型：普通汇兑　业务种类：网银支付

付款人账号：6225088131713445　收款人账号：5008888128888889

付款人名称：一汽解放汽车有限公司　收款人名称：上海光华汽车毯业有限公司

付款人开户行：招商银行长春分行　收款人开户行：招商银行古北路支行

实际记账账号：5008888128888889　实际记账户名：上海光华汽车毯业有限公司

币种：人民币　金额：（大写）陆拾万陆仟伍佰贰拾玖元玖角贰分　（小写）606529.92

报文标识号：2014123100006857

明细标识号：2041528500004064

交易：销售

记账流水号：557E1EA222A050C0E1008000C500421C

招商银行股份有限公司 电子回单专用章

登录号：152436800　网点编号：1234　打印状态：正常

客户验证码：80002433703762008a　柜员号：12341008　打印方式：自助　打印日期：2019-12-31 09:23:34

经济业务证明（自制原始凭证）

编码：J221215-10332

增值税专用发票

No.12345697

机器编号：1100143331

开票日期：2019年12月31日

购买方		密码区
名　　称	一汽解放汽车有限公司	554+55+389-98954513301-/<5>
税　　号	22010478432390	0-+>6*>/>839>->/8<-80+83267
地址、电话	长春市东风大街76号 0431-87666666	0828+26*1- /3+>>70484*/1<01-
开户行及账号	招商银行长春分行 6225088131713445	/<5>0-+>6*>/>831>49+834*14<

货物或应税劳务、服务名称	规格型号	单位	数量	单价	金额	税率	税额
前围面板及保险杠	解放J5M（悍威）	件	2000	268.38	536752.14	13%	69777.78
合　计					¥536752.14		¥69777.78
价税合计（大写）	⊗陆拾万陆仟伍佰贰拾玖元玖角贰分				（小写）¥606529.92		

销售方		备注
名　　称	上海光华汽车毯业有限公司	销售前围面板及保险杠
税　　号	310112784356124	
地址、电话	水城南路77号（长宁区）021-59116342	
开户行及账号	招商银行古北路支行 5008888128888889	

上海光华汽车毯业有限公司 310112784356124 发票专用章

收款人：　　复核人：　　开票人：南翔云　　销货单位（章）：

第一联：记账联 销售方记账凭证

编码：J206216-10332

产成品　出库单

编号：12-31-001　库别：产成品仓　类型：销售出库　客户：一汽解放汽车有限公司　2019年12月31日

物料编码	物料名称	规格型号	计量单位	数量	批号	备注
CCP03	前围面板及保险杠	解放J5M（悍威）	件	2000	20191231001	销售给一汽解放

领用部门：营销部　　领用人：王月　　复核人：刘兴伟　　库管员：赵玲玲

第三联：记账

10333 销售会计——销售速腾 NCS 地毯

<table>
<tr><td>经济业务</td><td>销售速腾 NCS 地毯</td><td>更新时间</td><td></td><td>经济业务摘要</td></tr>
<tr><td>岗　　位</td><td>销售会计</td><td>级　　别</td><td>初级</td><td rowspan="2">销售速腾 NCS 地毯</td></tr>
<tr><td>工作方式</td><td colspan="3">手工</td></tr>
</table>

经济业务内容

销售给一汽大众有限公司速腾 NCS 地毯，开具增值税专用发票，款项未收。

经济业务处理要求

销售业务处理：审核销售发票、出库单，分析经济业务，进行销售及应收账款的确认及计量。依据相关原始凭证，参照销售业务处理流程，运用借贷记账法编制记账凭证，登记相关账簿。

经济业务流程

上海光华汽车毯业有限公司

流程名称：销售业务流程

流程代码：GH10910332

更新时间：2019年12月

风险点：

部门名称：	审批人：	
主责岗位：	会签	
编 辑 人：		

流程图	流程描述

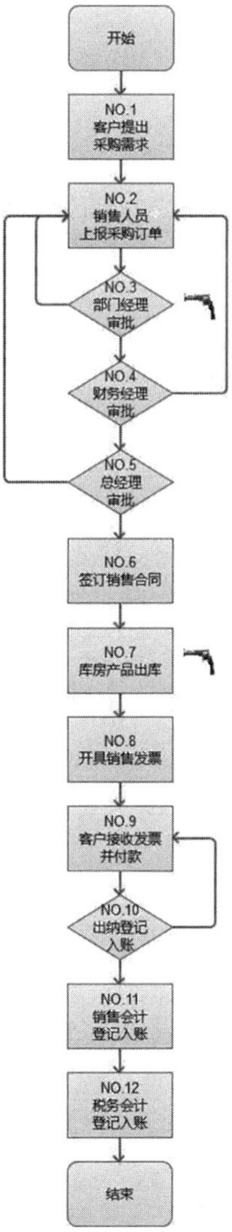

流程图

开始 → NO.1 客户提出采购需求 → NO.2 销售人员上报采购订单 → NO.3 部门经理审批（风险点） → NO.4 财务经理审批 → NO.5 总经理审批 → NO.6 签订销售合同 → NO.7 库房产品出库（风险点） → NO.8 开具销售发票 → NO.9 客户接收发票并付款 → NO.10 出纳登记入账 → NO.11 销售会计登记入账 → NO.12 税务会计登记入账 → 结束

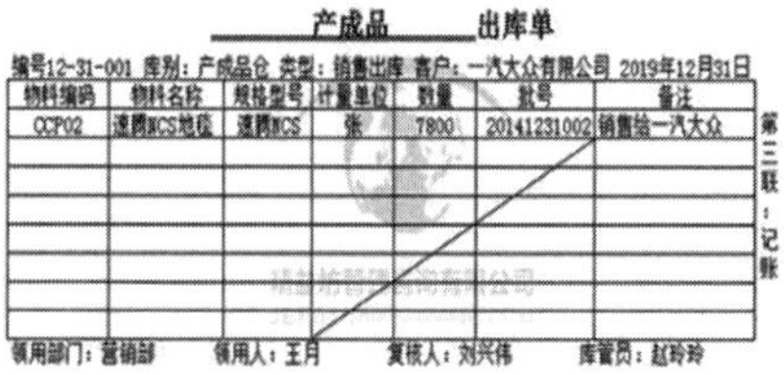

产成品出库单

编号12-31-001 库别：产成品仓 类型：销售出库 客户：一汽大众有限公司 2019年12月31日

物料编码	物料名称	规格型号	计量单位	数量	批号	备注
CCP02	速腾NCS地毯	速腾NCS	张	7800	20141231002	销售给一汽大众

第三联：记账

领用部门：营销部　领用人：王月　复核人：刘兴伟　库管员：赵玲玲

增值税专用发票

1100143398　№12345666　1100143398　12345666

开票日期：2019年12月31日

购买方		密码区
名　　称	一汽大众有限公司	554+55+389-98954513301-/<5>
纳税人识别号	22014502940381	0-+>6*>/>839>->/8<-80+83267
地 址、电 话	长春市汽车产业开发区安庆路5号 0431-88123456	0828+26*1-/3+>>70484*/1<01-
开户行及账号	农行净月支行 5007777777777777	/<5>0-+>6*>/>831>49+834*14<

货物或应税劳务、服务名称	规格型号	单位	数量	单价	金额	税率	税额
速腾NCS地毯	速腾NCS	张	7800	294.87	2300000.00	17%	391000.00
合　计					￥2300000.00		￥391000.00
价税合计（大写）	⊗贰佰陆拾玖万壹仟元整				（小写）￥2691000.00		

销售方		备注
名　　称	上海光华汽车毯业有限公司	销售速腾NCS地毯
纳税人识别号	310112784356124	
地 址、电 话	水城南路77号（长宁区） 021-59116342	
开户行及账号	招商银行古北路支行 5008888128888889	

收款人：　复核人：　开票人：南翔云　销货单位（章）：

第三联：记账联　销售方记账凭证

流程描述

NO.1 公司收到客户的采购订单及采购需求。

NO.2 销售人员核实采购订单以及产品情况后进行汇总并上报采购订单。

NO.3 风险点管控措施
部门经理对上报内容结合本部门实际情况进行审批，同时拟订销售合同。

NO.4 财务经理对合同内容中的价款以及款项明细进行审批。

NO.5 总经理对合同总体情况，结合公司实际运营情况进行审批。

NO.6 公司与客户签订销售合同。

NO.7 风险点管控措施
库房根据合同内容对产品进行出库（按照出库流程出库），并登记相关明细账，开具相关出库证明。

NO.8 销售会计开具相关销售发票。

NO.9 客户收到发票并付货款。

NO.10 出纳审查收到的货款，审核无误后进行相关账目的登记记录。

NO.11 销售会计对所发生业务进行相关账目的登记记录。

NO.12 税务会计对所发生业务进行相关账目的登记记录。

经济业务证明（自制原始凭证）

编码：J221221-10333

增值税专用发票

No.12345666

机器编号：1100143398

开票日期：2019年12月31日

购买方		密码区
名　　称	一汽大众有限公司	554+55+389-98954513301-/<5>
税　　号	22014502940381	0-+>6*>/>839>->/8<-80+83267
地 址、电 话	长春市汽车产业开发区安庆路5号 0431-88123456	0828+26*1- /3+>>70484*/1<01-
开户行及账号	农行净月支行 5007777777777777	/<5>0-+>6*>/>831>49+834*14<

货物或应税劳务、服务名称	规格型号	单位	数量	单价	金　额	税率	税额
速腾NCS地毯	速腾NCS	张	7800	294.87	2300000.00	13%	299000.00
合　　计					￥2300000.00		￥299000.00
价税合计（大写）	⊗贰佰伍拾玖万玖仟元整				（小写）￥2599000.00		

销售方		备注
名　　称	上海光华汽车毯业有限公司	销售速腾NCS地毯
税　　号	310112784356124	
地 址、电 话	水城南路77号（长宁区）021-59116342	
开户行及账号	招商银行古北路支行 5008888128888889	

（上海光华汽车毯业有限公司 310112784356124 发票专用章）

收款人：　　复核人：　　开票人：南翔云　　销货单位（章）：

第一联：记账联 销售方记账凭证

编码：J206222-10333

产成品　出库单

编号12-31-001　库别：产成品仓　类型：销售出库　客户：一汽大众有限公司　2019年12月31日

物料编码	物料名称	规格型号	计量单位	数量	批号	备注
CCP02	速腾NCS地毯	速腾NCS	张	7800	20191231002	销售给一汽大众

领用部门：营销部　领用人：王月　复核人：刘兴伟　库管员：赵玲玲

第三联：记账

10834 综合会计——支付展销费

<table>
<tr><td>经济业务</td><td>支付展销费</td><td>更新时间</td><td></td><td>经济业务摘要</td></tr>
<tr><td>岗　　位</td><td>综合会计</td><td>级　　别</td><td>初级</td><td rowspan="2">支付展销费</td></tr>
<tr><td>工作方式</td><td colspan="3">手工</td></tr>
</table>

经济业务内容

公司的销售部在上海国际会展中心进行产品展销活动，以电子银行转账支付活动费用。

经济业务处理要求

销售费用业务处理：审核增值税发票，分析经济业务，进行销售费用的确认和计量，填制费用报销单，办理电子银行业务付款手续。依据增值税发票及电子银行业务回单（付款）凭证，参照销售费用支出业务处理流程，运用借贷记账法编制记账凭证，登记相关账簿。

注意销售费用科目核算范围及费用性质分析，正确运用会计科目。

经济业务流程

上海光华汽车毯业有限公司

流程名称：支付展销费业务流程

流程代码：GH10610834

更新时间：2019年12月

风险点：

部门名称：	审批人：	
主责岗位：	会签	
编 辑 人：		

流 程 图	流程描述
开始	
NO.1 经办人收到发票	NO.1 经办人收到相关付款证明发票（经办人需对发票进行检查）。
NO.2 经办人提出付款申请	NO.2 经办人提出付款申请，并根据相关原始票据填写付款审批单（要求：按照内容正确填写）。
NO.3 部门经理审批	NO.3 部门经理根据实际情况进行审批。
NO.4 财务经理审批	NO.4 财务经理对付款审批单进行审批。
NO.5 总经理审批	NO.5 总经理对付款审批单进行审批。
NO.6 出纳付款入账	NO.6 出纳对审批通过后的付款审批进行付款，并登记相关明细账目。
NO.7 银行出具业务回单	NO.7 付款结束后，银行出具相关业务回单。
NO.8 销售会计登记入账	NO.8 销售会计对发票以及回单进行相关账目的入账登记。
结束	

上海市地方税务统一发票

发票联

流水号：03653815　　代码：221022562532

付款单位（个人）：上海光华汽车毯业有限公司　　2019年12月31日　　No.03554816

企业所属行业	服务业	税务登记号	310115573462256

项目：服务项目	单价	数量	金额
展销费	1800.00	1	1800.00

付款方式：

金额（大写）：壹仟捌佰元整　　金额（小写）：¥1800.00

收款单位（盖章有效）：　　收款人：　　开票人：王向东　　（手写无效）

第二联 报销凭证

付款审批单

部门：　　年　月　日

收款单位		付款理由：________	
开户银行		待付款性质：	
银行账号			
金额	人民币（大写）	¥________	
总经理审批	财务经理	部门经理	经办人

电子银行业务回单（付款）　招商银行

交易日期：2019-12-31　　交易流水号：313552015062620586786412130000000

付款人账号：500888812888889　　收款人账号：500888812778866

付款人名称：上海光华汽车毯业有限公司　　收款人名称：上海国际会展中心

付款人开户行：招商银行古北路支行　　收款人开户行：招商银行古北路支行

币种：人民币　金额：（大写）壹仟捌佰元整　　（小写）¥1800.00

银行附言：报销

客户附言：报销

渠道：网上银行

记账流水号：558DC2E605344DA0E1008100C5002051

电子凭证号：980000001620

招商银行股份有限公司 电子回单专用章

登录号：15246800　　网点编号：1234　　打印状态：正常

客户验证码：800024337837620084　　柜员号：12341017　　打印方式：自助　　打印日期：2019-12-31 09:35:16

经济业务证明（外来原始凭证）

编码：J104227-10834

上海市地方税务统一发票

发票联

代码：221022562532

流水号：03653815　　　　No.03554816

付款单位（个人）：上海光华汽车泵业有限公司　　　　开票日期：2019年12月31日

企业所属行业	服务业	税务登记号	310115573462256
服务项目	单价	数量	金额
展销费	1800.00	1	1800.00
缴款方式：现金			
金额（大写）：壹仟捌佰元整		金额（小写）：¥1800.00	

第二联：报销凭证

收款单位（盖章有效）：　　收款人：　　开票人：王向东　　（手写无效）

编码：J108228-10834

电子银行业务回单（付款）

招商银行

交易日期：2019-12-31　　　　交易流水号：31355201506262058678641213000000

付款人账号：5008888128888889　　　　收款人账号：5008888127788866

付款人名称：上海光华汽车毯业有限公司　　　　收款人名称：上海国际会展中心

付款人开户行：招商银行古北路支行　　　　收款人开户行：招商银行古北路支行

币种：人民币　金额：（大写）壹仟捌佰元整　　　　（小写）¥1800.00

银行附言：报销

客户附言：报销

渠道：网上银行

记账流水号：558DC2E605344DA0E1008100C5002051

电子凭证号：9800000001620

登录号：15246800　　网点编号：1234　　打印状态：正常

客户验证码：80002433703762008a　　柜员号：12341017　　打印方式：自助　　打印日期：2019-12-31 09:35:16

经济业务证明（自制原始凭证）

编码：J220229-10834

付款审批单

部门：销售部　　　　　　　　　　2019年12月31日

收款单位	上海国际会展中心	付款理由：支付活动展销费	
开户银行	招商银行古北路支行	待付款性质：现款现货	
银行账号	5008888127788860		
金额	人民币（大写）：⊗壹仟捌佰元整		¥1800.00
总经理审批	财务经理	部门经理	经办人
孙梦	张书妍	唐军	赵亮

10235 资产会计——无形资产摊销

<table>
<tr><td>经济业务</td><td>无形资产摊销</td><td>更新时间</td><td></td><td>经济业务摘要</td></tr>
<tr><td>岗　　位</td><td>资产会计</td><td>级　　别</td><td>初级</td><td rowspan="2">无形资产摊销</td></tr>
<tr><td>工作方式</td><td colspan="3">手工</td></tr>
</table>

经济业务内容

对购买的用友产品数据管理 Professional（V7.5）版系统进行摊销。

经济业务处理要求

无形资产摊销业务处理：编制并审核无形资产累计摊销计算表，分析经济业务，进行无形资产累计摊销费用的确认及计量。依据审核无误的无形资产累计摊销计算表，运用借贷记账法编制记账凭证，登记相关账簿。

注意区分并弄清备抵账户与被调整账户的关系，正确运用会计科目。

经济业务证明（自制原始凭证）

编码：J206233-10235

无形资产累计摊销计算表

无形资产名称	发生日期	无形资产原价	残值	摊销期限	减值准备累计	累计摊销期初	本期摊销额	累计摊销期末	剩余摊销年限	备注
用友产品数据管理 Professional（V7.5）版系统	2019年12月5日	176094.02		10年	0	1467.45	1467.45		10年	
合计						1467.45	1467.45			

制表人：米晓曼

10536 成本会计——结转产成品出库成本

<table>
<tr><td>经济业务</td><td>结转产成品出库成本</td><td>更新时间</td><td></td><td>经济业务摘要</td></tr>
<tr><td>岗　　位</td><td>成本会计</td><td>级　　别</td><td>初级</td><td rowspan="2">结转12月末产成品出库成本</td></tr>
<tr><td>工作方式</td><td colspan="3">手工</td></tr>
</table>

经济业务内容

12月末，计算并结转本月产成品出库成本。

经济业务处理要求

计算结转产成品成本业务：审核产成品出库单，分析经济业务，根据库存商品明细账中前期结存数量、本期入库产成品数量、单价及金额，采用月末一次加权平均法计算产成品出库成本，编制本月销售成本计算表，参照产成品成本结转业务处理流程，运用借贷记账法编制记账凭证，登记相关账簿。

注意产成品出库成本计算中月末一次加权平均法的运用，正确计算结转的产成品成本，正确运用会计科目。

经济业务流程

上海光华汽车毯业有限公司

流程名称：结转主营业务成本业务流程
流程代码：GH11310536
更新时间：2019年12月
风险点：

部门名称：	审批人：	
主责岗位：	会签	
编 辑 人：		

流 程 图	流程描述

开始

NO.1 库管员上报出库单

NO.2 成本会计计算成本

NO.3 成本会计上报

NO.4 财务经理审批

NO.5 总经理审批

NO.6 材料会计登记入账

NO.7 销售会计登记入账

结束

产成品 出库单

编号：12-19-001 库别：产成品仓 类型：销售出库 客户：一汽解放汽车有限公司 2019年12月19日

物料编码	物料名称	规格型号	计量单位	数量	批号	备注
CCP03	前围面板及保险杠	解放J5M（悍威）	件	2000	20141219001	销售给一汽解放

第三联：记账

领用部门：营销部 领用人：王月 复核人：刘兴伟 库管员：赵玲玲

NO.1 库房管理员对库房出库产品进行出库登记后，将库存商品情况汇总上报。

NO.2 成本会计根据库存商品明细账数据计算出产成品出库成本。

NO.3 成本会计将计算出的产成品出库成本情况汇总上报。

NO.4 财务经理对上报的内容进行专业的分析后方可进行审批。

NO.5 总经理对产成品出库成本进行审批。

NO.6 材料会计对审批后的数据进行相应的登记入账。

NO.7 销售会计根据审核无误后的数据进行相应的登记入账。

经济业务证明（自制原始凭证）

编码：J206237-10536

产成品 出库单

编号：12-19-001　库别：产成品仓　类型：销售出库　客户：一汽解放汽车有限公司　2019年12月19日

物料编码	物料名称	规格型号	计量单位	数量	批号	备注
CCP03	前围面板及保险杠	解放J5M（悍威）	件	2000	20191219001	销售给一汽解放

第三联：记账

领用部门：营销部　领用人：王月　复核人：刘兴伟　库管员：赵玲玲

编码：J206238-10536

产成品 出库单

编号12-20-001　库别：产成品仓　类型：销售出库　客户：一汽大众有限公司　2019年12月20日

物料编码	物料名称	规格型号	计量单位	数量	批号	备注
CCP02	速腾NCS地毯	速腾NCS	张	7800	20191220001	销售给一汽大众

第三联：记账

领用部门：营销部　领用人：王月　复核人：刘兴伟　库管员：赵玲玲

10637 税务会计——转出未交增值税

经济业务	转出未交增值税	更新时间		经济业务摘要
岗　　位	税务会计	级　　别	初级	转出未交增值税
工作方式	手工			

经济业务内容

12月末，因销项税额大于进项税额，转出未交增值税。

经济业务处理要求

未交增值税转出业务处理：审核并分析应交税费（增值税）明细分类账，计算销项税额大于进项税额的数额，分析经济业务，进行本月未交增值税税额的确认和计量。参照未交增值税转出业务处理流程，运用借贷记账法编制记账凭证，登记相关账簿。

注意未交增值税税额的确认和计量方法，正确运用会计科目。

经济业务流程

上海光华汽车毯业有限公司

流程名称：转出未交增值税流程

流程代码：GH12110637

更新时间：2019年12月

风险点：

部门名称：	审批人：	
主责岗位：	会签	
编辑人：		

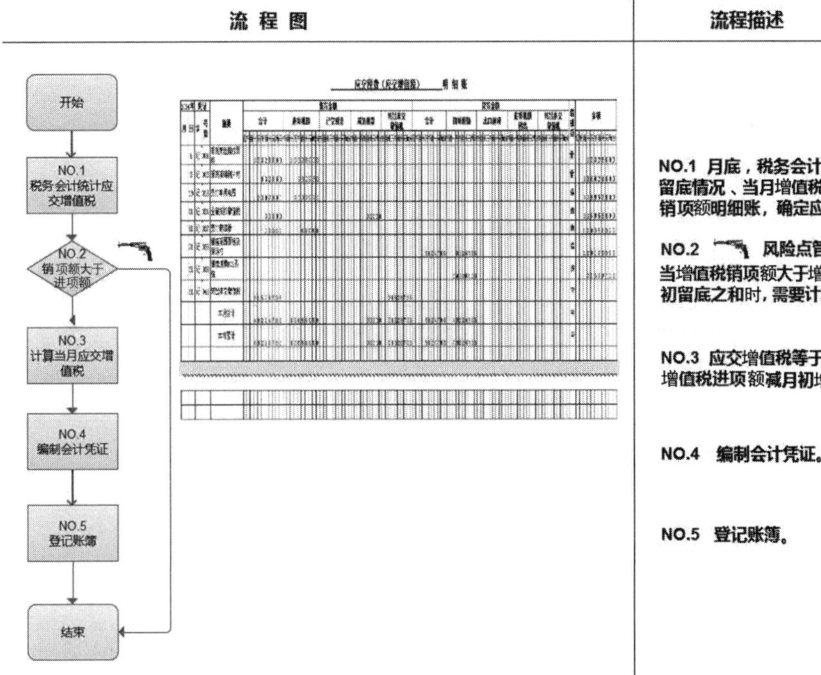

NO.1 月底，税务会计根据月初增值税留底情况、当月增值税进项额和增值税销项额明细账，确定应交增值税税额。

NO.2 风险点管控措施

当增值税销项额大于增值税进项额和月初留底之和时，需要计算应交增值税。

NO.3 应交增值税等于增值税销项额减增值税进项额减月初增值税留底额。

NO.4 编制会计凭证。

NO.5 登记账簿。

10638 税务会计——计提税费

<table>
<tr><td>经济业务</td><td>计提税费</td><td>更新时间</td><td></td><td>经济业务摘要</td></tr>
<tr><td>岗　　位</td><td>税务会计</td><td>级　　别</td><td>初级</td><td rowspan="2">计提12月份税金及附加</td></tr>
<tr><td>工作方式</td><td colspan="3">手工</td></tr>
</table>

经济业务内容

12月末，根据本期未交增值税金额，计提当月税金及附加。

经济业务处理要求

税金及附加计提业务处理：审核并分析应交税费、税金及附加明细分类账，分析经济业务，计算并确认本月应交城市维护建设税、教育费附加、地方教育附加的金额，依据相关原始凭证，参照税金及附加业务处理流程，运用借贷记账法编制记账凭证，登记相关账簿。

注意城市维护建设税、教育费附加及地方教育附加的范围及计算依据，正确运用会计科目。

经济业务流程

上海光华汽车毯业有限公司

流程名称：计提营业税金及附加流程

流程代码：GH12110638

更新时间：2019年12月

风险点：

部门名称：	审批人：	
主责岗位：	会签	
编 辑 人：		

流 程 图	流程描述

城建税、教育费附加计算表

2019年12月1日至12月31日　　　　单位：元

计税依据	城建税适用税率	税额	教育费附加适用税率	税额	地方教育费附加适用税率	税额	合计
315287.36	7%	22,070.12	3%	9,458.62	2%	6,305.75	37,834.48
合计							

主管：张平娟　　　复核：刘平淑　　　制表：刘新纪

NO.1 月底，税务会计根据月初增值税留底情况、当月增值税进项额和增值税销项额明细账，确定应交增值税。

NO.2 风险点管控措施

当有应交增值税时，就需要计算应交城市维护建设税的金额。

NO.3 根据税务部门改动比率，以增值税与消费税之和为基数，计算当月应交城市维护建设税的金额。

NO.4 编制会计凭证。

NO.5 登记账簿。

经济业务证明（自制原始凭证）

编码：J213247-10638

城市维护建设税、教育费附加计算表

所属期：2019年12月1日至12月31日　　　　金额单位：元

计税税额	城市维护建设税适用税率（%）	税额	教育费附加适用税率（%）	税额	地方教育附加适用税率（%）	税额	合计
279391.75	7	19557.42	3	8381.75	2	5587.84	33527.01
合计							

主管：张书妍　　　　复核：刘羽昶　　　　制表：刘新妃

10841 综合会计——结转12月份各项收入

<table>
<tr><td>经济业务</td><td>结转12月份各项收入</td><td>更新时间</td><td></td><td>经济业务摘要</td></tr>
<tr><td>岗　　位</td><td>综合会计</td><td>级　　别</td><td>初级</td><td rowspan="2">结转12月份各项收入</td></tr>
<tr><td>工作方式</td><td colspan="3">手工</td></tr>
</table>

经济业务内容

12月末，结转本月实现的各项收入。

经济业务处理要求

月末收入结转业务处理：审核当期营业收入、营业外收入、投资收益等账户本期发生额，分析经济业务，确认计算月末收入结转额，参照月末收入结转业务处理流程，运用借贷记账法编制记账凭证，登记相关账簿。

注意收入结转额确认的正确性，正确运用“本年利润”科目。

经济业务流程

上海光华汽车毯业有限公司

流程名称：结转销售收入流程
流程代码：GH11310841
更新时间：2019年12月
风险点：

部门名称：	审批人：
主责岗位：	会签
编 辑 人：	

流 程 图	流程描述

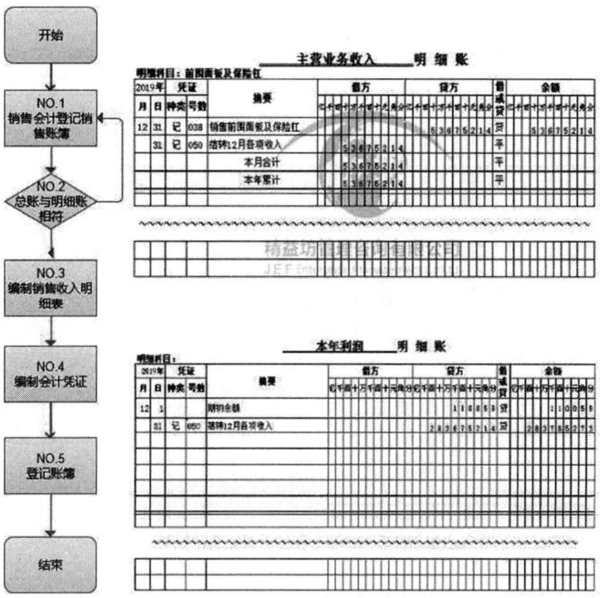

开始

NO.1 销售会计登记销售账簿

NO.2 总账与明细账相符

NO.3 编制销售收入明细表

NO.4 编制会计凭证

NO.5 登记账簿

结束

主营业务收入 明细账

明细科目：前围面板及保险杠

2019年 月	日	凭证 种类	号数	摘要	借方	贷方	借或贷	余额
12	31	记	038	销售前围面板及保险杠		53675214	贷	53675214
	31	记	050	结转12月各项收入	53675214		平	
				本月合计	53675214		平	
				本年累计	53675214		平	

本年利润 明细账

明细科目：

2019年 月	日	凭证 种类	号数	摘要	借方	贷方	借或贷	余额
12	1			期初余额		110059	贷	110059
	31	记	050	结转12月各项收入		283675214	贷	283785273

NO.1 销售会计根据销售收入会计凭证登记销售收入总账和明细账。

NO.2 核对销售收入总账与明细账的关系，确保销售收入明细账之和与销售收入总账相符。

NO.3 编制销售收入明细表。

NO.4 编制会计凭证。

NO.5 登记账簿。

10842 综合会计——结转12月份各项费用及成本

<table>
<tr><td>经济业务</td><td>结转12月份各项费用及成本</td><td>更新时间</td><td></td><td>经济业务摘要</td></tr>
<tr><td>岗　　位</td><td>综合会计</td><td>级　　别</td><td>初级</td><td rowspan="2">结转12月份各项费用及成本</td></tr>
<tr><td>工作方式</td><td colspan="3">手工</td></tr>
</table>

经济业务内容

12月末，结转本月发生的各项费用及成本。

经济业务处理要求

月末费用及成本结转业务处理：审核销售成本、其他业务成本、管理费用、销售费用、财务费用等账户本期发生额，分析经济业务，进行月末各项费用及成本结转额的确认和计量，参照月末费用及成本结转业务处理流程，运用借贷记账法编制记账凭证，登记相关账簿。

注意各项费用及成本结转额确认的正确性，正确运用“本年利润”科目，正确理解“本年利润”科目的性质及结构。

经济业务流程

上海光华汽车毯业有限公司

流程名称： 银行对账业务流程

流程代码： GH11310842

更新时间： 2019年12月

风险点：

部门名称：	审批人：	
主责岗位：	会签	
编 辑 人：		

流程图	流程描述
开始	
NO.1 归集各项费用并填制记账凭证	NO.1 综合会计归集各项成本及费用原始凭证，根据原始凭证填制记账凭证。
NO.2 结转各项费用至本年利润	NO.2 综合会计将各项成本及费用结转至本年利润账户。
NO.3 登记主营业务成本明细账	NO.3 综合会计根据审核无误的记账凭证登记主营业务成本明细账。
NO.4 登记税金及附加明细账	NO.4 税务会计根据审核无误的记账凭证登记税金及附加明细账。
NO.5 登记销售费用明细账	NO.5 销售会计根据审核无误的记账凭证登记销售费用明细账。
NO.6 登记管理费用明细账	NO.6 综合会计根据审核无误的记账凭证登记管理费用明细账。
NO.7 登记财务费用明细账	NO.7 综合会计根据审核无误的记账凭证登记财务费用明细账。
NO.8 登记本年利润明细账	NO.8 综合会计根据审核无误的记账凭证登记本年利润明细账。
结束	

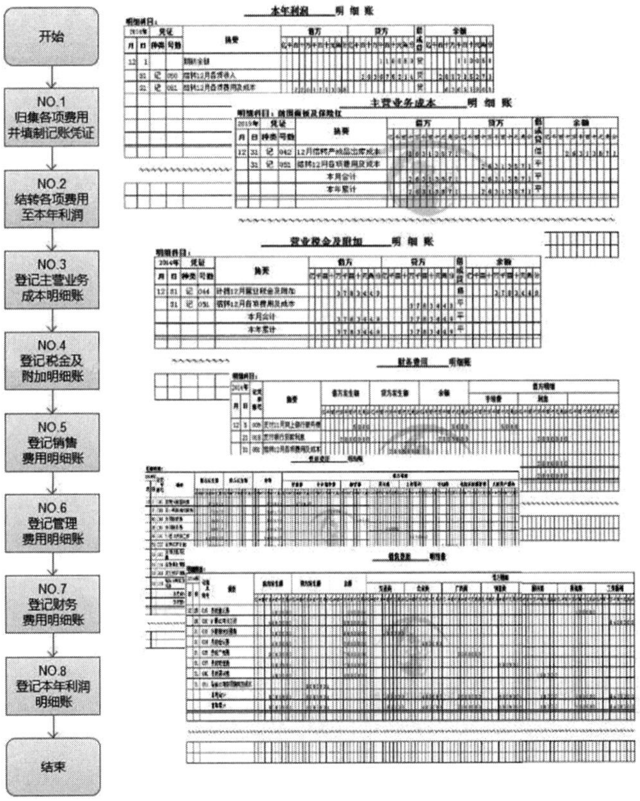

10843 综合会计——计提12月份所得税费用并结转

<table>
<tr><td>经济业务</td><td>计提12月份所得税费用并结转</td><td>更新时间</td><td></td><td>经济业务摘要</td></tr>
<tr><td>岗　　位</td><td>综合会计</td><td>级　　别</td><td>初级</td><td rowspan="2">计提12月份所得税费用、结转12月份所得税费用</td></tr>
<tr><td>工作方式</td><td colspan="3">手工</td></tr>
</table>

经济业务内容

12月末，计提并结转本月所得税费用。

经济业务处理要求

结转本月所得税费用业务处理：审核所得税费用账户本期发生额，分析经济业务，进行本月所得税费用的确认和计算，参照所得税费用结转业务处理流程，运用借贷记账法编制记账凭证，登记相关账簿。

注意所得税费用结转额确认的正确性，正确运用“本年利润”科目。

经济业务流程

上海光华汽车毯业有限公司

流程名称：结转本年利润业务流程

流程代码：GH11310843

更新时间：2019年12月

风险点：

部门名称：	审批人：
主责岗位：	会签
编 辑 人：	

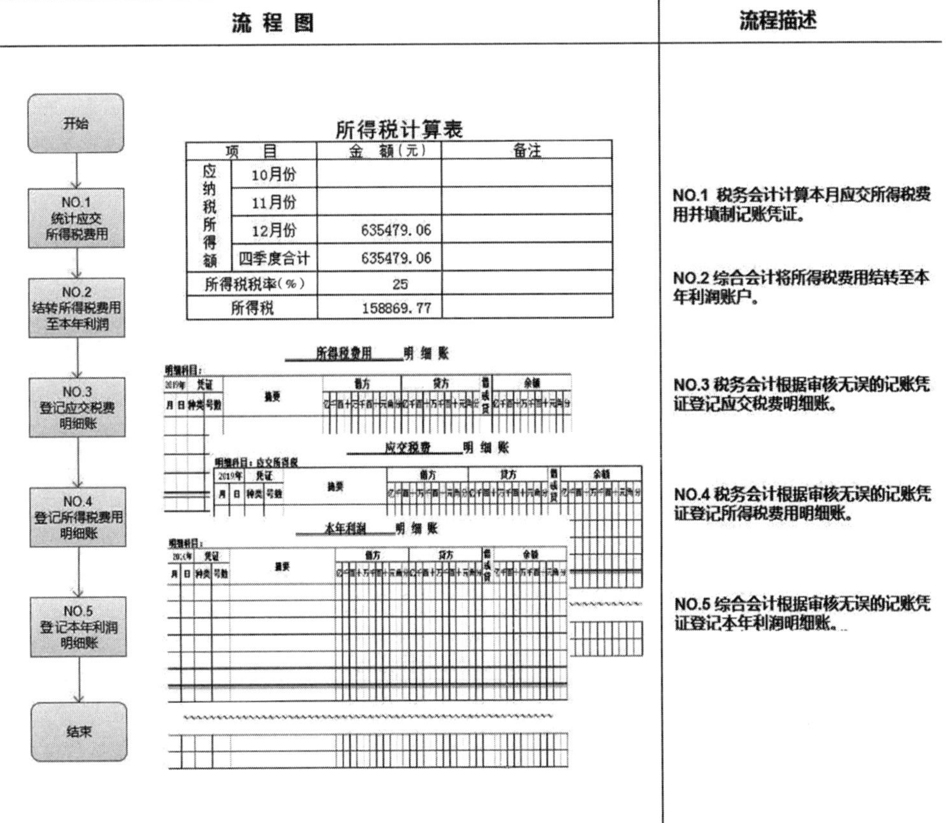

所得税计算表

项 目		金 额(元)	备注
应纳税所得额	10月份		
	11月份		
	12月份	635479.06	
	四季度合计	635479.06	
所得税税率(%)		25	
所得税		158869.77	

NO.1 税务会计计算本月应交所得税费用并填制记账凭证。

NO.2 综合会计将所得税费用结转至本年利润账户。

NO.3 税务会计根据审核无误的记账凭证登记应交税费明细账。

NO.4 税务会计根据审核无误的记账凭证登记所得税费用明细账。

NO.5 综合会计根据审核无误的记账凭证登记本年利润明细账。

所得税计算表

项目		金额（元）	备注
应纳税所得额	10月份		
	11月份		
	12月份	635479.06	
	第四季度合计	635479.06	
所得税税率（%）		25	
所得税		158869.77	

10844 综合会计——结转本年利润

<table>
<tr><td>经济业务</td><td>结转本年利润</td><td>更新时间</td><td></td><td>经济业务摘要</td></tr>
<tr><td>岗　　位</td><td>综合会计</td><td>级　　别</td><td>初级</td><td rowspan="2">结转本年利润</td></tr>
<tr><td>工作方式</td><td colspan="3">手工</td></tr>
</table>

经济业务内容

12月末，结转本期实现的净利润。

经济业务处理要求

结转本年利润业务处理：根据“本年利润”账户发生额，分析经济业务，确认计算本年利润，参照结转本年利润业务处理流程，将本年实现的利润结转记入“利润分配”科目，运用借贷记账法编制记账凭证，登记相关账簿。

注意本年净利润计算的正确性及结转方法，正确运用“本年利润”科目。

经济业务流程

上海光华汽车毯业有限公司

流程名称：结转本年利润业务流程

流程代码：GH11310844

更新时间：2019年12月

风险点：

部门名称：	审批人：	
主责岗位：	会签	
编 辑 人：		

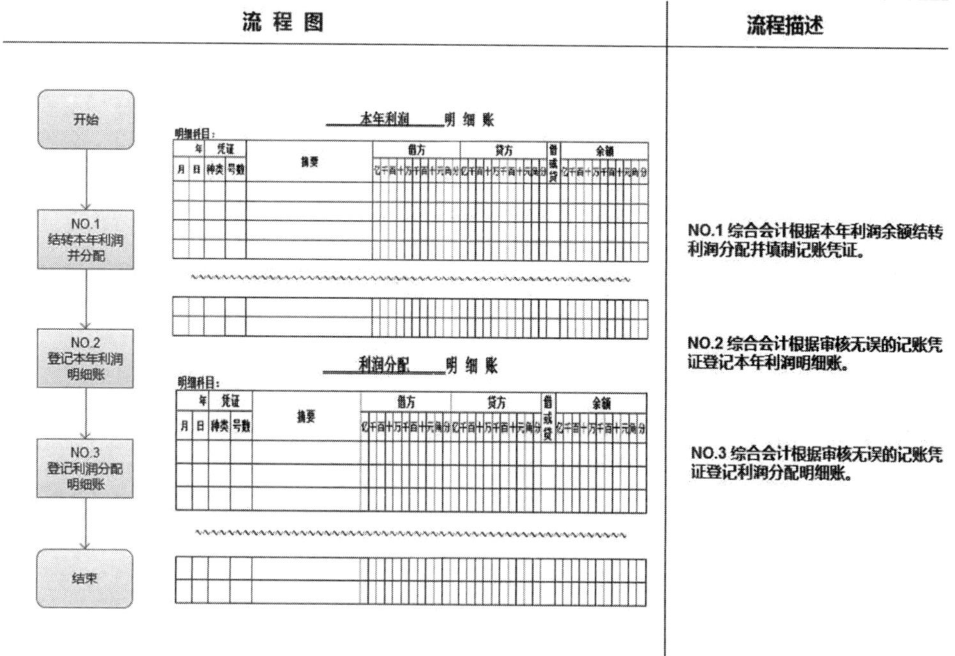
流 程 图
流程描述
开始
NO.1 结转本年利润并分配
NO.2 登记本年利润明细账
NO.3 登记利润分配明细账
结束
本年利润 明细账
利润分配 明细账
NO.1 综合会计根据本年利润余额结转利润分配并填制记账凭证。
NO.2 综合会计根据审核无误的记账凭证登记本年利润明细账。
NO.3 综合会计根据审核无误的记账凭证登记利润分配明细账。

10845 综合会计——提取法定盈余公积金

<table>
<tr><td>经济业务</td><td>提取法定盈余公积金</td><td>更新时间</td><td></td><td>经济业务摘要</td></tr>
<tr><td>岗　　位</td><td>综合会计</td><td>级　　别</td><td>初级</td><td rowspan="2">提取法定盈余公积金</td></tr>
<tr><td>工作方式</td><td colspan="3">手工</td></tr>
</table>

经济业务内容

按当年净利润的 10% 提取法定盈余公积金。

经济业务处理要求

提取法定盈余公积金业务处理：根据“利润分配”账户本年实现的净利润，按净利润的 10% 提取法定盈余公积金，确认计提本年法定盈余公积金，分析经济业务，参照法定盈余公积金业务处理流程，运用借贷记账法编制记账凭证，登记相关账簿。

注意“本年利润”与“利润分配”科目的特点及相互关系，掌握提取法定盈余公积金的计算及结转方法，正确运用“本年利润”与“利润分配”科目。

法定盈余公积金计算表

项目	金额	备注
全年净利润（元）	476609.30	
提取比例（%）	10	
法定公积金（元）	47660.93	

10846 综合会计——银行对账

经济业务	银行对账	更新时间		经济业务摘要
岗　　位	综合会计	级　　别	初级	银行存款余额调节表
工作方式	手工			

经济业务内容

（1）12月31日，公司已转账支付上海国际会展中心展销费1900元，企业已入账但银行尚未入账。

（2）银行收取网上银行服务费50元，银行已登记减少存款，但企业未收到银行扣款的通知。

经济业务处理要求

银行存款余额调节表编制业务：月末，根据本月银行对账单及银行存款日记账，逐笔核对企业账目与银行账目，确认未达账项，编制银行存款余额调节表，检查企业与银行账目的差错。在银行对账单余额与企业银行存款账面余额的基础上，各自加上对方已收、本单位未收账项数额，减去对方已付、本单位未付账项数额，调整确认双方余额是否一致，确认期末银行存款余额。

注意未达账项的确认，正确编制银行存款余额调节表。

经济业务流程

上海光华汽车毯业有限公司

流程名称：银行对账业务流程
流程代码：GH11810846
更新时间：2019年12月
风险点：

部门名称：	审批人：	
主责岗位：	会签	
编 辑 人：		

流 程 图	流程描述

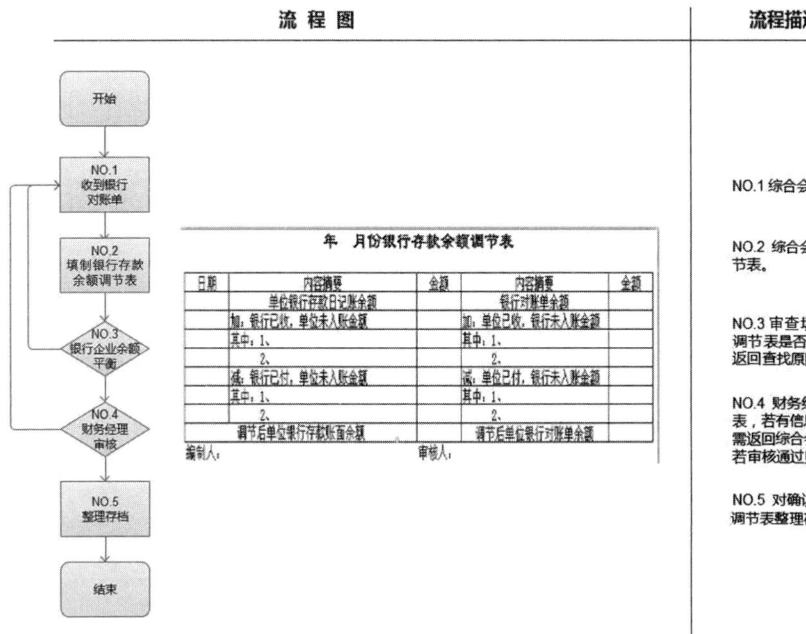

年　月份银行存款余额调节表

日期	内容摘要	金额	内容摘要	金额
	单位银行存款日记账余额		银行对账单余额	
	加：银行已收，单位未入账金额		加：单位已收，银行未入账金额	
	其中：1、		其中：1、	
	2、		2、	
	减：银行已付，单位未入账金额		减：单位已付，银行未入账金额	
	其中：1、		其中：1、	
	2、		2、	
调节后单位银行存款账面余额			调节后单位银行对账单余额	

编制人：　　　　审核人：

NO.1 综合会计收到银行对账单。

NO.2 综合会计填制银行存款余额调节表。

NO.3 审查填制好的银行企业余额调节表是否平衡，若不平衡，则需返回查找原因。

NO.4 财务经理审核银行余额调节表，若有信息不对称，则不予通过，需返回综合会计继续查找错误原因；若审核通过则财务经理签字。

NO.5 对确认无误的银行存款余额调节表整理存档。

经济业务证明（外来原始凭证）

编码：J120295-10846

招商银行

招商银行单位账户对账单

客户名称：上海光华汽车毯业有限公司　　客户账号：5008888128888889　　币种：人民币

开户机构：招商银行古北路支行　　起止日期：2019年12月1日至2019年12月31日　　打印日期：2019年12月31日

交易日期	摘要	凭证号码	借方发生额	贷方发生额	账户余额	流水号	对方账号	对方户名	对方行名
20191203	短期贷款		2000000.00		3601979.58	39476896182837584839397832752966			
20191203	付片形粉碎机款			40014.00	3556965.58	31355201506262934732947589374758	2748873818637487	长春市绿园区信德机械设备有限公司	中国银行长春分行
20191205	采购原材料			64209.60	3492755.98	31355201506262934732947589374758	4109111478674510	莱芜市恒越复合材料有限公司	农业银行汶山支行
20191205	银行汇票			100000.00	3392755.98	34256576788754342446576768797641			
20191205	支付软件款			206030.00	3186725.98	31355201506262059678641313074758	431900585310777	用友优普信息技术有限公司吉林分公司	招商银行长春经开支行
20191205	服务费			50.00	3186675.98	31355201506262059678641436576658			
20191206	报销差旅费			2736.00	3183939.98	82070806520938478978347526208475	6214834310020056	李明	招商银行古北路支行
20191208	支付外包工程款			600000.00	2583939.98	36785201505542934732947589343215			
20191208	设备维修费			17686.70	2566253.28	38475983759875989705984375820000	500888635222670	上海致远五金机电设备有限公司	招商银行广陵一路支行
20191215	缴纳增值税			290811.57	2275441.71	38196100164876543870101460100016			
20191219	缴纳电费			158500.00	2116941.71	31355201506293827387581190013920	5008889997211052	上海长宁区供电局	招商银行青浦路支行

续表

交易日期	摘要	凭证号码	借方发生额	贷方发生额	账户余额	流水号	对方账号	对方户名	对方行名
20191219	缴纳水费			5800.00	2111141.71	89300287506293827387580316803325	5008880038911244	上海市邑来水市南有限公司	招商银行江西中路支行
20191221	贷款利息	9800000031621		20000.00	2091141.71	02874892752628774852837487539888			
20191225	支付通信费			1500.00	2089641.71	29372428927892748974397587620204	5008888125555886	中国移动有限公司上海市分公司	招商银行天宝路支行
20191229	发放12月工资			400200.00	1689441.71				
20191231	交税控系统维护费			330.00	1689111.71	31355201506262059473876313000000	5008298443839557	上海龙日防伪税控设备销售服务有限公司	招商银行徐家汇支行

招商银行

招商银行单位账户对账单

客户名称：上海光华汽车毯业有限公司　　客户账号：5008888128888889　　币种：人民币

开户机构：招商银行古北路支行　　起止日期：2019年12月1日至2019年12月31日　　打印日期：2019年12月31日

交易日期	摘要	凭证号码	借方发生额	贷方发生额	账户余额	流水号	对方账号	对方户名	对方行名
20191231	预收货款		103500.00		1792611.71	30378437658479832658762583074385	6225088131713445	上海车爵士汽车美容有限公司	招商银行宝山支行
20191231	报销油料费过路费			1030.00	1791581.71	93487289437528903984726810983477	6214835310030056	张艳	招商银行古北路支行
20191231	支付会议费			4000.00	1787581.71	21876767362816736645187961764719	5008888124477669	上海希尔顿酒店	招商银行华山路支行
20191231	支付广告费			20000.00	1767581.71	38106485618792107856087106783261	5008888126866668	上海百联集团股份有限公司	招商银行南京东路支行
20191231	缴纳11月税金及附加			34897.39	1732684.32	98366682057498378944748374929426			
20191231	支付物流费			10000.00	1722684.32	38475934754938759843579843598437	5008888128887878	大众物流有限公司	招商银行丁香路支行
20191231	货款		628000.00		2350684.32	20437826492798470274832784973420	6225088131713445	一汽解放汽车有限公司	招商银行长春分行